감칠맛 나는

맥락
영어

감칠맛 나는 **맥락 영어**

초판 1쇄 인쇄 2024년 9월 2일
초판 1쇄 발행 2024년 9월 12일

지은이   이길영
발행인   임충배
홍보/마케팅   양경자
편집   김인숙, 왕혜영
디자인   이경자, 정은진
펴낸곳   도서출판 삼육오(PUB.365)
제작   (주)피앤엠123

출판신고 2014년 4월 3일
등록번호 제406-2014-000035호

경기도 파주시 산남로 183-25
TEL 031-946-3196 / FAX 031-946-3171
홈페이지   www.pub365.co.kr

ISBN 979-11-92431-90-1 13740
ⓒ 2024 이길영 & PUB.365

감칠맛 나는

맥락 영어

저자 이길영(한국외국어대 영어교육과 교수)

PUB

삶의 경험을 통해 알게 된 영어구절은 잊혀지지 않습니다.

자전거나 수영을 한번 배워놓으면 잊지 못하듯, 몸으로 체감하며 배운 것은 확실히 자기 것이 될 뿐 아니라 오래 갑니다. 처음 접할지라도 일상생활의 맥락 속에서 실제 경험하며 알게 된 단어나 구문의 그 적절한 표현의 묘미에 우리는 종종 감칠맛을 느끼게 됩니다. 뿐만 아니라 의사소통 능력(communicative competence)의 필수요소인 상황적 적절성(contextual appropriacy)안에서 자연스럽게 학습된 표현은 우리 안에 내재화되어 후에 이를 잊지 않고 자발적으로 사용할 수도 있게 됩니다.

우리는 시간적, 경험적 한계로 인해 영어의 모든 구절을 직접 경험을 통해 배우지는 못합니다. 이 책은 저자가 단어와 구절이 실제 어떤 맥락 속에서 사용되는지 그리고 어떻게 살아 움직여 감칠맛 나게 표현되는지 알기 쉽게 풀이하였기에, 이 책을 읽는 이들은 마치 그 맥락 속에 빠져 있는 듯 실감 나게 영어를 배울 수 있습니다.

저자가 미 8군 용산 카투사 시절부터, 뉴욕 주립대에서의 석사 및 박사 유학 시절과 캘리포니아 주립대학에서의 연구년 시절, 그리고 한국에 돌아와서 원어민 교수들과의 교류에 이르기까지 그동안의 경험 속에서 맥락에 딱 들어맞는 표현만을 길어 올려 발간했던 '뼈 때리는 영어'의 내용을 보충하고 120개의 에피소드로 확장하여 이번에 새롭게 '감칠맛 나는 맥락 영어'로 내어놓게 되었습니다.

　이 책을 통해 저자의 실제 생활 속 맥락에서 접한 살아있는 영어표현은 여러분의 인식 속에 그대로 적용되어 내재화에 이르게 될 것이고, 여러분은 이 주옥같은 표현들이 내는 그 감칠맛으로 인해 이 표현들을 확실히 기억할 것입니다.

2024. 8. 이문동 연구실에서

이길영

| 목차 |

Part 1. 문화 속에 빠진 영어

Part 5. 은유에 깃든 영어

Part 6. 감칠맛 나는 영어

감칠맛 나는 맥락 영어 ─────────── *Part.1*

문화 속에 빠진 영어

언어는 문화와 결부되지 않을 수 없습니다.

문화 속에 빠져있는 영어는 말에 생동감을 공급합니다.

제가 경험했던 상황 가운데 원어민들의 삶 그리고 문화와 밀접한 영어를 묶어 놓았습니다.

01 How do you like your eggs?
계란을 어떻게 요리해 줄까요?

제가 1983년 2월 카투사로 미군부대에 갔을 때입니다. 카투사 모병제도가 이전에 차출 방식에서 1982년도부터 선발시험(영어, 국사, 국민윤리)을 보는 것으로 바뀌었는데요. 당시 경쟁률이 100:1이 넘을 정도로 인기가 있었습니다. 경쟁률이 높으니 '카투사 고시'라고도 하였지요. 당시 인기 있는 이유가 여럿 있었겠습니다만, 저는 이를 논산훈련소에서 6주간 훈련받고 평택 Camp Humphrey(캠프 험프리)에서 2주간의 카투사 교육을 받으며 확실히 느꼈습니다.

미군부대에 오니 가장 확실한 변화는 구타가 없다는 것이었습니다. 당시 논산훈련소에서 엄청 맞았거든요. 또 하나는 음식이었습니다. 당시 우리나라에 아직 뷔페라고 하는 개념이 없을 때였는데 미군부대 식당에 들어가니 샐러드부터 시작하여 디저트에 이르기까지 온갖 음식이 널려있고 자유롭게 먹도록 되어 있으니 문화적 충격을 엄청 받았지요. 또, 아직 버거킹이나 맥도날드가 당시 우리나라에 들어오지 않은 때였으니 20대 초반 젊은 나이에 햄버거와 스테이크 그리고 스파게티 등 당시 평소 먹지 못했던 음식들은 물론 각종 다양한 주스와 샐러드 및 케이크들을 마음대로 골라 먹을 수 있다니 처음엔 정말 황홀할 지경이었습니다.

부대에서 식당은 'mess hall'이라고 종종 합니다. 아마도 식당은 어디나 늘 많은 사람들로 인해 엉망(mess)인 상태여서인지 모르겠습니다. 처음 아침을 먹으러 식당에 갔더니 사람들이 줄을 죽 서 있는데 무슨 줄인가 했습니다. 보니, 취사병이 계란을 주문받아 직접 요리하여 주느라 그것을 기다리는 줄이었습니다. 뚱뚱한 흑인 취사병이 큰소리로 외칩니다.

"Hey, you! how do you like your eggs?"
어이, 당신! 어떻게 계란을 요리해줄까?

나중에 보니 미군들은 아침에 계란을 두 개씩 꼭 먹더라고요. 그런데 그 조리법이 다양합니다. 저는 당시 계란을 두 개 주는 것도 그렇지만 이렇게 군대에서 개인의 취향에 따라 음식을 조리해준다는 것에 사실 충격을 받았습니다. 일반 식당에서 'How do you like your steak?'(스테이크를 어떻게 구워드릴까요?)처럼 군인 식당에서도 'How do you like your eggs?'(계란을 어떻게 익혀드릴까요?)라고 물어봅니다. 혹은 주문 라인이 길 때는 'Hey! what kind of eggs?'이라고 짧게 묻더군요.

계란 요리 하나에도 그 익힌 상태에 따라 다양한 이름을 가지고 있는데요. 이때 앞뒤로 완전히 익힌 것은 'over hard'라고 하고 앞뒤로 반쯤만 익혀져 젓갈로 푹 지르면 노른자가 흐르는 정도인 것은 'over easy', 노른자가 태양이 불룩 솟은 것처럼 뒤집지 않고 한 면만 프라이 된 것은 'sunny-side up'입니다. 노른자와 흰자를 프라이팬에 서로 막 휘저어 익힌 것은 'scramble', 삶은 것은 'boiled egg'이지요.

표현이 너무 다양하니 우선 자신이 좋아하는 종류를 하나 확실히 기억해두는 게 나중에 당황할 확률이 적을 것 같습니다. 계란말이처럼 요리하면서 그 안에 양파, 당근, 치즈 등등을 넣는 'omelette'(오믈렛)도 있는데요. 저는 특별히 그중에서도 양파, 버섯, 당근, 피망을 넣은 것을 좋아했습니다. 물론 이렇게 골라서 넣어 달라고 하기가 귀찮으면 "Omelette with everything!" 이렇게 외치곤 했습니다. 그러면 취사병은 자기가 가지고 있는 모든 재료를 종류대로 다 넣어 'omelette'을 해주었지요. 때때로 그립습니다. 그때의 식당 분위기가….

02 Dude
친구

　카투사로 근무하던 시절, 어느 날 아침 **PT**(Physical Training : 체력훈련)하기 위해 아침에 모여 있는데 한 라틴계 미군 병사가 제게 건들건들 다가와 "What's up, dude?" 하면서 말을 걸었습니다. 그러자 옆의 다른 미군 병사들이 "와~" 하고 웃더군요. 저는 그때 당시 그 말의 정확한 의미를 몰랐지만 워낙 슬랭을 많이 쓰는 미군 병사들이고 주변 동료들이 "와~" 하고 웃었기에 뭔가 좋지 않은 말이 아닐까 싶었습니다. 그때 미군병사 자기들끼리도 서로들 말끝에 'dude'를 붙이면서 서로 건들건들하면서 키득키득 웃고는 했습니다.

　그런데 dude는 사실 나쁜 의미의 말은 아닙니다. 미국의 오래된 슬랭으로 원래 옷을 잘 차려입은 도시 촌놈(도시에 살면서 시골을 모르는 녀석, 특별히 미 서부에 방문한 동부 도시 사람)을 가리킵니다. 주로 남자를 지칭할 때 사용하지요. 지금은 남자끼리 친한 친구 사이에 '여보게, 녀석, 친구' 등등의 정도로 스스럼없이 부를 때 사용하는 말이고, 'guy'라는 단어와 비슷한 의미이지만 좀 더 **cool**하게(멋있게, 재미있게), 또 좀 더 격식 없이 표현할 때 사용하는 말입니다. 그러니 여러분도 친한 친구들 사이에 멋들어진 말로 사용할 수 있는 호칭입니다.

다음 예문에 보면, dude 단어를 쓴 사람의 심중에 자기도 TV에 나오는 '멋진 놈이지…' 하는 이미지가 들어가 있습니다.

I know you're on TV and everything, but I've been on TV too, dude.
자네가 TV에도 나오고 하는 것을 알고 있다네, 그런데 나도 TV에 나온 적이 있지, 친구.

다음 예문에도 dude를 말하는 사람의 심중에는 '함께 프로젝트 하는 이들이 괜찮은 녀석들이다'라는 마음이 엿보이지요.

Today, I began a new 'project' working with a couple of cool dudes based in Swindon.
오늘 난 Swindon에서 온 멋진 두 녀석과 새 프로젝트를 시작했네.

굳이 guy와 dude의 용법을 구분하자면 상대편에게 말을 걸 때 단어 guy를 사용하지는 못하지만, 단어 dude는 가능합니다.

Dude, where have you been all day? (o)
친구, 하루 종일 어디에 있었나?
Guy, where have you been all day? (x)

그러나 dude는 guy보다 그리 광범위하게 쓰이지 못하며 한정적이라 할 수 있습니다. dude는 주로 10대~30대 정도 젊은 남자들에게서 쓰일 뿐입니다. 그 이외 50~60대에서는 거의 쓰이지 않는다고 보시면 됩니다.

미국에 있을 때 언젠가 초등학생 우리 집 아이가 학교에서 오자마자 제게 "Hey dude…" 하면서 씩 웃었던 적이 있습니다. 제가 "dude? 네가 이 말을 알아?" 했더니 아이들이 학교에서 그렇게 서로를 부른답니다. 어린 초등학생들에게까지도, 특별히 남자들 사이에서 으쓱으쓱거리며 형들 흉내를 내면서 유머러스하게 쓰이는 모양입니다.

03 Military cadence
행진이나 구보 중에 하는 군가 (미군)

    논산에서 6주 훈련을 마치고 2주간의 카투사 교육을 위해 평택에 있는 Camp Humphrey 내에 있었던 카투사교육대 (KRTC: KATUSA Training Reception Center)로 갔을 때, 새롭게 배웠던 것 중 하나는 행진이나 구보 중에 함께 불렀던 노래입니다. 미군이 나오는 전쟁영화를 보면 훈련장에서 행진하거나 구보할 때 합창하는 것을 종종 볼 수 있는데요, 이것을 Military cadence라고 하는데 다른 말로는 Jodies 혹은 Jody Calls라고도 합니다.

    군 시절, 아침 기상하면 PT (Physical Training)를 했는데요. 함께 모여 준비체조를 하고는 약 40-50분 정도 구보할 때 함께 불렀습니다. 그 형태가 엄밀히 말하면 멜로디가 있는 노래라기보다는 비슷한 형태의 운율로 반복되는 구호같은 성격이 있습니다. 멜로디는 매우 단순하지만 가사가 매우 다양하고 각종 유머가 들어 있어 인상적이었습니다. 한국군의 군가는 대부분 사명감 고취와 사기 앙양의 진지한 내용이라면 미군의 노래는 사명감보다는 고향에 대한 향수, 자기 부대에 대한 자랑, 혹은 적이나 다른 부대에 대한 경멸, 심지어는 고참이나 군 시절에 대한 불만 등을 풍자의 분위기로 내용이 가볍고 해학적이어서 놀라왔습니다.

    지금도 기억하고 있는 것이 몇 가지 있습니다. 행진 중에 불렀던 이것은 KRTC 훈련소에서 가장 많이 불렀던 노래 중 하나입니다. 당시 캠프 험프리에서 열을 지어 행진할 때 카우보이 모자를 쓴 Drill Sergeant (훈련 교관)이 선창하던 그 거친 목소리가 들리는 듯 합니다.

Hey, hey Captain Jack 헤이, 헤이 Jack 대위님
Meet me down by the railroad track 기차길 옆에서 만나시죠
With that rifle in my hand 손에 총을 들고서
I'm gonna be a shootin' man 저는 총잡이가 되겠어요

　　rifle대신에 다양한 다른 단어로 교체하여 예를 들면 vodka (보드카)로 하고 다음 줄의 shootin' man (총잡이)을 drinkin' man (술 주정뱅이)으로 교체하여 부르기도 하는데요, 미국 교관이 이것을 가르쳐주면서 rifle대신에 웃으면서 soju (소주)로 교체해 불러도 된다며 웃더군요.

　　다음은 자대배치 받고 의정부 Camp Kyle에서 또 용산 컴파운드에서 구보 중에 자주 불렀던 노래입니다. 공수부대의 낙하산 훈련에 대한 것을 묘사했는데요, 처음 들었을 때는 C130가 무엇인지도 몰랐던 때라 무슨 말인가 했습니다. 매우 많은 다양한 변형된 가사들이 있지만 당시 저희 부대에서 사용한 것을 올립니다.

> C130 rolling down the strip C130 수송기가 활주로에서 움직이네
> Airborne ranger gonna take a little trip 공수부대가 짧은 여행을 떠나네
> Stand up, hook up, shuffle to the door, 일어서. 연결해. 문으로 다가서
> Jump right out and count to four. 밖으로 바로 뛰어. 그리고 넷을 세어라
> If my main don't open wide. 주 낙하산이 펴지지 아니하면
> I've got another one my by side. 내 옆에 보조 낙하산이 하나 더 있다네

　　40년이 넘게 지났건만 거친 호흡을 몰아가면서 이 노래를 불러가면서 의정부 43번 국도를, 또 용산 영내 South Post를 부대원이 열을 지어 뛰던 그때 생각이 생생합니다.

04 American Names
미국의 이름들

    카투사로 생활할 때 만난 미군들의 이름 중에, 사실 흔한 이름이었지만 어떻게 발음하는지 그때까지도 잘 알지 못한 경우가 있었습니다. 그중 한 이름이 Stephen입니다. 이를 발음할 시에 ph를 저는 [f]로 발음하였으나 후에 [v]발음인 것을 새로이 알게 되었습니다. 그러니까 '스티븐' 이렇게 해야지요.

    또 Michael이라는 이름도 저는 당연히 [mikael] 즉 '미카엘'이라고 발음을 하였습니다. 그러나 이는 [maikəl], 즉 마이클 임을 나중에 알게 되었습니다. 그 흔한 미국 이름인 '마이클'은 바로 이 이름입니다. Michael 철자가 좀 쉽지는 않습니다.

    미국에서 가장 흔한 Last name으로는 Smith가 있습니다. 우리로 치면 김 씨에 해당되겠네요. 그리고 Johnson, Williams, Jones, Brown이 뒤를 잇습니다. First name은 어떨지요? 남자인 경우엔 James, John, Robert, Michael, William 순으로 가장 흔한 이름이며 여자인 경우엔 Mary, Patricia, Linda, Barbara, Elizabeth 순입니다.

    제가 유학 가서 만난 룸메이트의 이름은 Robert였는데, 통상 미국인들이 이 친구를 Bob(밥)이라고 부르더라고요. 바로 Robert의 애칭입니다. 예전에 미 대통령 후보 Bob Dole을 기억하시나요? Robert Dole인데 이렇게 애칭으로 부르지요. 한 번은 유학생들이 오랜만에 모여 밥을 함께 해 먹으며 '밥'이 아주 맛있다고 두런두런 이야기하는데, Bob이 지나가다가 듣고는 나중에 제게 와서 심각하게 묻더군요. 한국인 유학생들이 자기를 흉보는 것 같다고 말입니다, 하하.

서로 친한 관계에서 애칭을 사용하는 경우가 많은데요, 위의 Stephen은 Steve, Michael은 Mike로 종종 줄여서 부릅니다.

몇 가지 더 살펴볼까요?

남자 이름과 그 애칭		여자 이름과 그 애칭	
Alexander	⋯▶ Alex	Alexandra	⋯▶ Sandra
Andrew	⋯▶ Andy	Catherine	⋯▶ Cathy
Anthony	⋯▶ Tony	Cynthia	⋯▶ Cyndy
Christoper	⋯▶ Chris	Elizabeth	⋯▶ Liz/Betty
Daniel	⋯▶ Danny	Jacqueline	⋯▶ Jackie
Frederick	⋯▶ Fred	Margaret	⋯▶ Maggie
James	⋯▶ Jim/Jimmy	Mary	⋯▶ Molly
Nicholas	⋯▶ Nick	Patricia	⋯▶ Patty
Peter	⋯▶ Pete	Rebecca	⋯▶ Becky
Thomas	⋯▶ Tom	Susan	⋯▶ Sue
William	⋯▶ Bill/Willy	Victoria	⋯▶ Vicky

Robert가 Bob으로 불리는 것처럼, 위 표에 보시면 원래 이름과 사뭇 다르게 발음되는 애칭들이 꽤 있습니다. 예를 들어 Anthony를 Tony로 부르며, William을 Bill이라 부르고, 또 Elizabeth를 Liz로, Rebecca를 Becky로 부릅니다. 미 대통령이었던 William Clinton을 통상 Bill Clinton이라고 한 것도, 또 유명한 미 여배우인 Elizabeth Taylor를 Liz Taylor로 부른 이유를 이제 아시겠지요?

05 Is that for here or to go?
여기서 드시나요? 아님 싸 가지고 가시나요?

제가 미국으로 유학을 간 첫해, 수업 첫날의 점심시간을 저는 잊지 못합니다. 점심때 학교 식당가로 가니 버거킹이 있었습니다. 제 일생에 처음 간 패스트 푸드점인데요. 그 때 일이 생생하게 기억납니다.

저는 유학 전에 한국에서 패스트푸드점을 경험해 본 적이 없는 세대입니다. 세계적으로 유명한 맥도날드와 버거킹이 아직 우리나라에 안 들어와 있을 때입니다. 다만 1992년 제가 유학을 하러 가던 여름, 우리나라에 이제 맥도날드가 들어온다며 매니저를 모집하는 영자신문 공고를 본 적이 있습니다. 물론 롯데리아라는 패스트푸드점이 당시 우리나라에도 있었지만 주로 중고생이 가는 그곳이 저는 햄버거 가게인 것은 알았을 뿐 실제 들어가서 음식을 사 본 적이 없었습니다.

버거킹에 들어가니 계산대 앞에 사람들이 죽 줄을 서 있습니다. 계산대 위에 세트 메뉴 사진이 있었기에 그것을 보고 주문하는 학생들을 따라 저도 "I'd like to take combination one, please."(1번 세트 메뉴 주세요.) 여기까지는 잘했습니다. 그런데 그 백인 여자직원이 "Is that for here or to go?" 하는데 제가 못 알아들었습니다. 그리하여 제가 "Pardon?"(다시 말씀해주실래요?)하고 물었더니 직원의 눈이 좀 놀라는 듯 동그래졌습니다. 뭐 이런 사람이 있나 하는 모습이었지요. 그 직원이 다시 천천히 이야기해주는데 그래도 또 못 알아들었습니다. 더욱 정확히 말하자면, 'here'와 'go'라는 단어는 들렸지만 이 상황에서 이것이 무슨 내용인지 전혀 몰랐지요.

그리하여 저는 다시 용기를 내었습니다. 사실 이해가 안 된 상태였고 어쨌든 이 상황을 해결하려면 애를 써야 했기 때문입니다. 좀 더 확실하게 이해하고 싶어서 이렇게 물었지요. "How do you spell?"(철자가 어떻게 되지요?) 그러자 이 직원, 그 큰 눈이 더 커지면서 이 동양 청년을 연민의 정으로 보더니 또박또박 말합니다. "H, E, R, E, and G, O." 한 번도 패스트푸드점을 경험하지 못했던 저는 참으로 이상한 답변이라고 생각을 하고 짧은 시간이나마 고민을 하게 되었습니다. Here? Go? 햄버거를 받고 저는 어쨌든 여기를 떠나갈 것이니, 저는 "Go" 했습니다. 잠시 후 제게 주어진 햄버거는 봉투 안에 넣어진 햄버거였습니다.

저는 그제야 그 의미를 깨달았습니다만 이미 늦었습니다. 저는 매장 안의 테이블에 앉아 주섬주섬 햄버거와 coke(콜라), french fries(감자튀김)를 봉투에서 꺼내 먹기 시작했습니다.

'Is that for here or to go?', '여기서 드실래요, 아님 싸 가지고 가실래요?'의 의미이지요. 매장 안에서 먹겠다는 표현은 'For here, please.' 포장해가겠다는 표현은 'To go please.'하면 됩니다. 패스트 푸드점에서 햄버거와 함께 잘 먹는 감자튀김은 french fries라고 합니다.

이제 와서 생각해보면 어떻게 그렇게 몰랐을까 싶습니다만 당시 어디에서도 그런 것을 가르쳐 준 적이 없었고, 또 포장(take out)이라는 개념을 경험해 보지 못했던 저로서는 왜 here, go를 이야기하는지 금방 이해가 쉽지는 않았습니다. 못 알아들어 here와 go의 스펠링을 알려달라는 그 아시아 청년을 보고 그 매장 점원은 얼마나 황당했을까 지금 생각해보면 웃음이 나옵니다.

06 Get back!
돌아가!

1992년 유학 첫해였습니다. 미국에 온 지 오래된 어느 유학생이 새 차를 구입하면서 자신이 그동안 오래 타던 차를 폐차한다고 했습니다. 저와 같은 기숙사에 있던 어느 신참 후배 유학생이 그 차를 폐차하느니 자기에게 달라고 하여 이 차를 공짜로 받았습니다. 이 차는 쉐보레 8기통으로 무척 큰 차였지만 너무 오래되어 겉은 다 녹이 슬었고, 핸들도 무척 빡빡하였을 뿐 아니라, 기름은 엄청나게 드는 마치 탱크 같은 느낌의 애물단지 차였습니다. 그러나 기숙사에서 아쉬운 대로 장을 보러 갈 때 천천히 굴리며 사용할 수 있는 차였기에 우리는 좋아했지요.

어느 금요일 저녁, 그 유학생 후배가 모는 그 차를 타고 한인 교회에 가는 중이었습니다. 학교 앞 대로변 진입을 하려는데 갑자기 경찰차가 사이렌 소리와 하이 빔 헤드라이트를 켜며 차 바로 뒤에서 쫓아오는 것이었습니다. 후배와 저는 놀라 차를 길가에 세웠습니다. 유학을 온 지 얼마 안 된 저희로선 처음 당하는 일이었기에 당황하였고, 운전하던 후배는 무슨 일인가 하고는 뒤에 서 있는 경찰차에 간다고 차 문을 열고 나갔습니다. 후배가 경찰에 걸려 나가는데 선배인 제가 그냥 있을 수 없어 조수석에 탔던 저도 후배를 돕겠다는 마음으로 나갔습니다.

그런데 그 경찰(여자 경찰이었음)은 경찰차에서 나오다가 우리를 보더니 열린 경찰차 문 뒤로 급히 몸을 숨기면서 큰소리로 "Get back!"하는 것이었습니다. 저희는 '뭐야, 부를 때 언제고 다시 돌아가라니… 마음이 바뀌었네'하고 생각하며 돌아와 차 안에 탔습니다. 그리고 이제 출발하려고 후배가 키를 꽂는데, 어느새 경찰이 차창 옆으로 와서는 문을 내리라고 하더니 후배의 면허증을 요구하더군요. 그리고는 워키토키로 연락을 하며 뭔가 한참 확인을 한 후, 저희와 차 내부를 유심히 보더니 그냥 가라고 합니다. 특별한 문제가 없는데 아마도 오래된 엉망인 차를 타고 가는 유색인인 저희를 불심검문 했던 것으로 생각됩니다.

나중에 이를 전해 들은 사람들이 우리보고 너무 다행이라고 합니다. 경찰로부터 티켓을 안 받아서가 아니라, 잘못하면 경찰한테 총 맞을 뻔했다는 거지요. 미국에서는 경찰로부터 정지당하면 경찰이 운전석에 다가올 때까지 운전자가 핸들 위에 손을 10시 10분 방향으로 놓고 가만히 기다려야 한답니다. 저희처럼 차 문에서 뛰어나오는 경우, 혹은 무엇을 이리저리 찾는 행위(예를 들면 상의 안주머니에 손을 넣는 행위 혹은 조수석 서랍으로 손을 뻗는 행위는 권총을 찾는 것으로 오인 가능성) 등은 적대적인 행위로 간주하기 때문입니다. 아마도 L.A나 New York 등 대도시 같았으면 차 문을 열고 나오는 우리를 향해 총을 쏘았을 수도 있었을 거라고 그 선배는 이야기하더군요. 휴… 천만다행입니다. 해외, 특히 미국에서 운전할 때 안전을 위해 이런 중요한 것은 미리 알고 있어야 할 텐데, 우린 이런 산 교육을 받은 적이 없었습니다. 당시 출국 전 해외에 나가는 이들에게 소양 교육을 실시했습니다만 그저 해외에 나가면 북한에서 온 사람들 접촉하지 마라 등등만 배운 기억이 있습니다.

'Get back'은 '돌아가(와)요', 혹은 '뒤로 물러나세요'의 의미입니다. 그 여자 경찰도 차에서 뛰어나와 자기에게 다가오는 우리를 보고 적잖이 놀랐으니 Get back!하면서 크게 외친 것이지요. be back하면 '돌아와 있다'가 되지만 get을 이용하여 get back하면 '돌아가(오)다'가 되어 돌아가(오)는 동작이 강조됩니다. get 뒤에 나오는 여러 부사의 의미에 따라 영어의 사용 범위가 매우 넓어진답니다.

• get away : 달아나다　• get over : 넘다　• get together : 모이(으)다

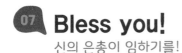

Bless you!
신의 은총이 임하기를!

미국 유학 시절, 일과를 마친 저녁에 기숙사에 있는데 후배인 한국 인 공대 유학생이 제 방에 와서 오늘 이상한 경험을 했다며 말을 건 넸습니다. 후배가 말하기를, 오늘 학교에서 엘리베이터를 타려고 여 러 사람과 함께 로비에서 기다리다가 재채기가 나와 크게 '에취!'했 는데, 옆에 있던 미국인 학생들이 뭐라고 중얼중얼한다는 겁니다. 한 명이 아니고 두세 명이 그렇게 중얼거렸다고 하는 겁니다. 그러면서 이상하다며 제게 물었습니다.

이상하지요? 이 미국인들이 뭐라고 한 것일까요? 바로 'Bless you' 라는 말을 한 것입니다. Bless you는 '신의 은총이 함께하기를 빈다' 는 표현인데 왜 재채기한 이에게 이런 말을 그들이 할까요?

다음과 같은 설이 전해집니다. 과거 서양 사람들은 재채기하면 몸 안에 있는 영혼이 함께 빠져나온다고 믿었습니다. 의학발달의 부족 으로 실제 감기에 걸려 사망하는 사람이라도 생기면, 영혼이 다 빠져 나가서 죽었다고 생각했습니다. 그러므로 영혼이 달아나는 것을 막 기 위해서, 혹은 달아난 영혼이 속히 돌아와야 하기에 어떤 사람이 재채기하면 주위에 있는 사람들이 즉시 "신의 은총이 함께 하기를" 이라고 축복하는 풍토가 생겼답니다. 그리고 축복을 받은 사람(재채 기를 한 사람)은 덕분에 본인의 목숨을 건진 셈이니 반드시 감사하다 는 표시를 했지요.

이렇게 전해져 내려온 풍습 때문에 오늘날 재채기를 하면 자동으 로 옆에 있는 사람이 'Bless you!' 혹은 'God bless you!'라고 축복하 고, 그 재채기한 사람은 'Thank you'로 응답하는 것을 들을 수 있습니다. 이 배경은 많이 잊혀가지만, 관습은 뚜렷하게 남아있습니다. 한 가지 재미있는 것은 상대방이 재채기를 다섯 번, 여섯 번 하더라도 계속 'Bless you!' 또는 'God bless you!'라고 해줍니다. 물론 재채기한 사람은 재채기하자마자 먼저 'Excuse me!'하는 에티켓을 가져야 하겠지요. 'Excuse me!'를 큰소리로 할 필요는 없습니다. 입술로 중얼중얼 하는 척만 해도 됩니다. 또 재채기는 이렇게 축복해주지만 그냥 기침은 'Bless you!'를 하지 않음을 주의하세요.

'Bless you.'라는 말을 들으면 반드시 'thank you.'라고 히는 에티켓도 잊지 마세요! 예전에 어느 세미나에 갔을 때 옆에서 함께 참석한 이가 재채기를 했는데요, 제가 미처 'Bless you'라고 말을 해주지 못했더니… 제게 왜 안 해주느냐 하더군요. 그래서 미안한 마음에 "Bless you!"했더니 바로 "Thank you"라고 하더군요.

또 재채기 관련하여 하나의 에티켓이 더 있습니다. 재채기하면서 다른 이들에게 침방울이 튀지 않도록 입에 자신의 손을 갖다 대는 경우도 있습니다만 이것은 비매너가 됩니다. 왜냐하면 이 손으로 악수도 하고 문고리도 만지고 할 텐데요 다른 이들에게 쉽게 바이러스를 유포하는 경로가 되기 때문입니다. 코로나 바이러스 유행병으로 인해 이제 많이 주의를 하게 되었습니다만, 재채기할 때는 옷 소매 위로 입과 코를 가리고 함이 에티켓입니다.

재채기하는 옆 사람에게 'Bless you!'라고 말하며 축복해주세요. 모르는 사이더라도 금방 말을 서로 주고받으며 친구를 사귀는 효과가 있을 것입니다.

Can I have something to eat?
먹을 것을 좀 주실래요?

유학 중 대학원 학생 몇 명이 미국인 교수님 댁에 저녁 초대를 받아 갔는데, 마침 다른 일이 있던 저는 불가피하게 조금 늦게 가게 되었습니다. 40분 정도 늦게 도착하니 대부분의 친구가 이미 식사를 마치고 거실에 나와 커피를 들고 있었고 한두 명의 여학생이 사모님과 식탁에 앉아 이야기하고 있음을 보았습니다.

거실에서 classmate들과 반갑게 인사를 한 저는 저녁을 먹어야 할 텐데, 그렇다고 먼저 부엌으로 스스로 갈 수도 없어 소파에 엉거주춤 앉아 있는데 사모님이 저녁 먹지 않겠느냐고 물었습니다. 배고픈 저는 당연히 'Thank you'하고 갔어야 했는데요, 실제 저의 입에서는 "No, thank you"가 나왔습니다. 저는 한국식으로 생각한 것이지요…. 저는 당연히 '그래도 와서 한 입만이라도 먹으라'고 말씀해주실 것을 기대한 것입니다. 그러면 마지못해 가서 '두' 그릇을 비울 작정이었습니다. 그런데 저의 No, thank you라는 대답에 사모님은 두 번 다시 물어보지 않으셨습니다. '악… 이럴 수가…' 저는 진수성찬이 아직 많이 남겨진 그 식탁을 저 옆에 두고 그날 밤을 굶었습니다. 대신 거실에 남아있는 주스를 연거푸 들이켜면서 허기를 달랬습니다.

'Can I have something to eat?'(먹을 것 좀 주실래요? 뭐 좀 먹어도 돼요?) 이 말만 했더라면 좋았을 텐데요.

많이 희석되어가기는 하지만, 여전히 한국 문화에서는 초대되어 손님 입장에서 무엇을 하려면 적어도 주인이 두세 번 정도 물어보아 마지못해 승낙하는 무언의 법칙이 은근히

존재합니다. 특별히 각 개인에게 정해진 양을 먹고 난 이후, 추가로 나오는 음식의 경우는 그런 경향이 있는 것 같습니다. 때에 따라서 조금씩 다를 수 있겠으나 손님 입장에서 먹겠다고 너무 나서지 않는 것이 예의이지요. 다음의 경우와 같아요.

🅐 이거 드세요

🅑 아니요, 괜찮아요

🅐 그러지 말고 드세요

🅑 아, 괜찮은데요…

🅐 그러지 말고 드셔보세요. 맛있어요.

🅑 네, 알겠습니다. 그럼…

요즘의 한국 사회는 제가 유학했을 때와는 달리 많이 개방되고 개인적 취향이 존중되며 이해되는 사회로 바뀌어 가고 있기에, 위의 제 예를 어쩌면 이해 못 할 수도 있겠다 싶습니다. 그러나 어려운 자리에 초대되어 간 경우 예의를 차려야 하는 자리에서는 어느 정도 위의 동양적 문화가 여전히 통용됨을 느낍니다.

서양은 완전히 다른 분위기이기에 우리의 겸양지덕에서 나온 예절에 입각한 형식적 거절을 이해 못 합니다. 손님으로 갔을 때 배고프면 먹을 것을 달라고 하십시오. 다음의 표현을 쓰시면 좋겠습니다.

Can I have something to eat? 먹을 것 좀 주실래요?

Can I have something to drink? 마실 것 좀 주실래요?

Can I have some more, please? 좀 더 먹어도 되지요?

I'd like a cup of coffee, please. 커피 한 잔 마시고 싶습니다.

09 How about five fifteen?

5시 15분에 어떨지요?

유학 중에 매 주 한 번씩 교내의 한 서클 모임에 나간 적이 있습니다. 처음 만나는 모임에서 끝날 때쯤 되었을 때, 그 모임의 리더가 '시간이 다음 주 모두 괜찮은지, 다음에는 몇 시에 만나는 것이 좋은지'하면서 우리에게 물어보았습니다. 서로 멀뚱멀뚱 쳐다보는데 그 리더가 이렇게 이야기하는 것입니다.

"How about five fifteen?"

저는 맨 처음 이 말을 들을 때 좀 어색하다고 느꼈습니다. '시간을 정하는데 5시 10분이면 10분, 20분이면 20분이고 30분이면 30분이지, 15분은 또 뭔가?'하면서 좀 이상하게 생각했습니다. 그만큼 약속을 칼같이 분 단위로 엄밀하게 잘 지킨다는 말인가?

사정을 보니 이렇습니다. 서구문화엔 'quarter'라는 개념이 있습니다. 이는 1/4을 의미합니다. 미국 화폐단위에서도 quarter가 가장 많이 쓰는 동전인데요. a quarter이면 1달러의

1/4인 25센트이니 quarter 네 개가 모여 one dollar를 형성합니다. quarter 즉 1/4 개념은 미국인의 생활에 밀착되어 있습니다. 그러므로 60분(1시간)의 1/4인 15분도 이들에겐 친숙한 개념입니다. 예를 들어 'a quarter after one'하면 1시 지나서 60분의 1/4이니, 즉 1시 15분입니다. 리더가 'five fifteen', 즉 '5시 15분'에 만나자는 것은 매우 흔하게 할 수 있는 말입니다.

마이크로소프트의 사장인 빌 게이츠가 딸이 게임에 빠져 고민이라며 딸에게 PC게임 시간을 평일 45분으로 제한했다는 기사를 보았습니다. 여기서도 하필 45분일까요? 바로 15분(quarter)의 세 배인 45분인 것입니다. 숫자에 담긴 그들의 사고방식입니다…. 우리에겐 어색한 부분이 있지만요.

얼마 전에 차에 문제가 생겨 1시쯤에 학교 옆 공업사에 차를 맡겼는데요, 4시경쯤 연락이 왔습니다. 다 고쳐놓았으니 와서 픽업하랍니다. 언제까지 올 수 있겠느냐고 해서 제가 4시 45분에 그리로 가서 픽업하겠다고 했더니, "예? 45분이요?"하면서 피식 웃습니다. 한국 사람인 우리들에겐 생소한 모양입니다.

미국에서는 시간을 가리킬 때 quarter를 써서 이야기하는 경우가 많은데요, 우리에게는 조금 혼동이 되기도 하니 잘 익혀두면 좋겠습니다.

'A quarter of ten'은 10시 15분 전인 9시 45분을 가리킵니다. of를 to로 바꾸어 'A quarter to ten' 이렇게 해도 동일한 의미로 쓸 수 있습니다.
그러면 10시 15분은요?
'~을 지나서' 의 의미를 가지고 있는 past를 쓰면 됩니다. 즉 'A quarter past ten'은 10시가 지나서 15분이니 10시 15분이 됩니다.

quarter는 다른 뜻으로 구역, 지역이란 뜻으로도 자주 쓰입니다.
a poor quarter of this city
이 도시의 빈민 구역

a beautiful port city with a fascinating medieval quarter
매우 매력적인 중세풍의 구역이 있는 아름다운 항구도시

10 Vet
수의사

'vet' 이것이 무슨 의미인지 아시는지요? 바로 veterinarian, 즉 수의사를 이렇게 부릅니다. 지금은 우리나라에도 애완동물을 기르는 분들이 많은데요. 아내가 애완동물을 매우 좋아해 유학 시절에 당시 거금 200불을 주고 Cocker Spaniel 브라운색의 새끼 한 마리를 얻었습니다. 지금은 한국에서도 이 종을 쉽게 봅니다만, 그때만 해도 저희는 긴 귀가 매력적이고 우아한 이 종을 미국에서 처음 보고 꽤 맘에 들어 선택했습니다. 저희는 이름을 '콩쥐'라고 지어주었습니다. 이 강아지로 인해 많은 행복이 있었지요….

우선 공원에 데리고 나가면 사람들은 이 강아지를 보고 저희에게 쉴 새 없이 말을 붙여왔습니다. '이름이 뭐냐', '몇 개월 되었느냐', '뭘 잘 먹느냐', '수놈이냐 암놈이냐'부터 시작해서 '자기도 이런 종을 길렀다', '자기 친구가 이런 종을 기르는데 그것도 귀엽다' 등등 말입니다. 그런데 그 사람들은 강아지가 귀엽다고 쓰다듬을 때 그저 안 쓰다듬고 반드시 제게 먼저 허락을 받더라고요… 'Can I pet your dog?'(쓰다듬어도 돼요?) 이렇게 말입니다. 'Sure.' 하면 비로소 쓰다듬고 또는 'So cute!!!' 하면서 자기 얼굴에 비비고 하더군요.

미국에는 애완동물이 어디든 많으니 꼬마들은 vet이 되는 것이 꿈인 경우가 많습니다. 수의사의 직업은 매우 성장 가능성이 높다고 인정받고 있으며 수입도 높은 편입니다. 미국에서 수의사가 되려면 대학을 졸업하고 수의대학원(veterinary school) 과정에 들어가서 4년을 더 공부해야 합니다. 오랜 과정을 거쳐야 하지요. 참고로 미국엔 30여 개의 수의대학원이 있으며 경쟁률은 높은 편입니다. 수의대학원 졸업하면 Doctor of Veterinary Medicine(D.V.M.)을 취득하게 되며, 통상 미국의 각 주에서는 자격시험에 합격해야만 수의사로서 일할 수 있습니다.

수의사 그들의 첫 번째 자질로 어떤 것이 필요할까요? 가장 우선되는 것이 compassion (연민, 동정심)인데요, 그들의 직업의식과 결부되어 정말 투철함을 알게 되었던 경험이 제게 있습니다. 제 아내가 임신했던 때였는데, 주변의 한국 사람들이 아기에게는 강아지가 안 좋으니 이제 강아지를 처분하는 것이 좋겠다고 조언을 했습니다. 그런데 미국인 친구들은 한결같이 아무 문제가 없다고 하더군요. 자신도 태어날 때부터 자기 집에 강아지가 있었는데 자기 건강 아무 문제 없지 않느냐면서 말입니다. 그리하여 우리는 정말 태어날 아기에게 안 좋은지, 마침 강아지가 감기에 걸려 치료 차 vet에게 갔을 때 물어보았습니다. 이제 아기가 태어날 텐데 문제가 없느냐고 물었지요. 그런데 이 여의사가 이러더군요.

"네, 문제가 있을 수 있습니다. 그렇기 때문에 강아지가 상처를 받지 않도록 아기 낳고 병원에서 돌아오는 날, 현관에서 아기를 내려놓고 강아지를 반드시 안아주고 이후 아기 냄새를 맡게 하여 적응하도록 해주세요. 관심이 아기에게로만 가면 강아지가 상처를 받고 질투할 수 있습니다."

오잉! 저희는 망연자실했습니다. 이렇게 자신의 직업의식이 투철한 분은 처음이었습니다, 하하. 미국의 수의사들은 수의사가 될 때 선서를 합니다. 마치 의사들이 히포크라테스 선서를 하듯이요. 이를 Veterinarian's Oath라고 합니다. 선서 중 일부를 보면 다음과 같이 되어 있습니다.

I solemnly swear to use my scientific knowledge and skills for the benefit of society through the protection of animal health and welfare, the prevention and relief of animal suffering.
나는 동물의 건강과 보호 그리고 동물의 고통 방지와 경감을 통해 사회의 이익을 위하여 내가 가지고 있는 과학적 지식과 기술을 사용할 것을 엄숙히 선서합니다.

그 수의사는 동물의 건강증진과 고통 경감을 위한 선서내용에 매우 충실한 분이었네요.

🗨 11 Paper or plastic?

종이봉투에 넣어드릴까요? 비닐봉투에 넣어드릴까요?

　미국 마트에서 물건을 고르고 계산대로 가면 종업원은 통상 이렇게 묻습니다. **Did you find everything?**(원하는 것을 다 골랐나요?) 그리고는 총 가격을 이야기하고는 다음의 질문을 합니다.

Do you want a paper bag or plastic?

　제가 유학을 처음 갔을 때가 90년대 초였는데요. 그때 초기엔 이런 질문이 없었습니다. 그러다가 유학 몇 년 차 지난 그 어느 때부터 이런 질문을 하기 시작한 것을 기억합니다. 바쁜 시간엔 종업원이 줄여서 'paper or plastic?' 하기도 합니다. 무슨 말일까요?

　이 말은 산 물건을 'paper bag(종이백)에, 혹은 plastic bag(비닐봉지)에 넣어드릴까요?'의 뜻입니다. 친환경적인 것을 선택하도록 돕는 배려의 일종이라 볼 수 있습니다.

맨 처음 이것을 들었을 때는 이해가 안 되어 당황했던 기억이 있습니다. paper bag은 감을 잡겠는데 plastic은 무엇을 뜻하는지 알 수 없었지요. 실제 미국에 처음 간 이들 가운데 불쑥 이야기하는 종업원의 이 말을 이해 못 했다는 이야기를 많이 들었고, 또 나중에 무슨 말인지 알았을 때는 친환경적인 관점에 대한 이러한 질문에 문화충격을 받았다는 이야기도 들은 적이 있습니다.

저도 plastic bag이 비닐백인 것을 사실 그때 처음 알았지요. 이제 우리나라에도 비닐봉지나 일회용 용기를 이용하지 않기 운동을 벌이고 있습니다. 카페에서 내장 안에서 마시는 이에겐 일회용 컵으로 주지 않는 운동이 한창입니다.

많은 사람은 마트에서 위의 질문을 받으면, 소위 친환경을 생각하는 개념 있는 사람들이라면 통상 종이봉투로 달라고 이야기합니다. 편리성에서는 비닐백이 사실 더 유용합니다만 천 년 동안 썩지 않아 지구에 해를 입히는 비닐봉지의 유해한 성질을 생각하면 종이봉투를 사용하고자 할 것입니다.

그런데 사실 종이봉투 혹은 비닐봉지 중 어느 것이 친환경적인지는 논란의 여지는 있다고 합니다. 종이봉투를 만들기 위하여 엄청난 나무들(종이봉투를 위한 나무로만 미국에서만 연간 약 1,400만 그루를 벌목)이 필요하고 비닐봉지를 만들 때 보다 70% 더 온실가스 공해를 유발한다고 할 뿐만 아니라 비닐봉지가 종이봉투보다 가볍고 내구성도 좋아 반복사용이 가능함을 생각해 보면 종이봉투가 꼭 친환경적이지만은 않은 것 같습니다.

한 가지 더 재미있는 사실! 'paper or plastic?'은 위 뜻 이외에 상점에서 종업원이 손님에게 '현금으로 지불합니까? 혹은 신용카드로 지불합니까?'의 의미이기도 합니다. paper는 현금, plastic은 신용카드입니다. 주유소에서 주유하고 지불하려고 사무실에 갔더니 이렇게 물어서 당황했던 기억이 있습니다. 미국이 그때만 해도 각 주유기에 신용카드를 사용하도록 장치가 되어 있는 것이 아니라 주유를 직접 하고 사무실에 가서 pay할 때였습니다.

12 Bingo!
빙고!

미국 대학원에서 공부할 때 학과장님이셨던 **Kibby** 교수님은 수업 중에 학생들에게 질문하고 기대하는 답이 나오면 언제나 'Bingo!' 하시면서 만족스럽게 웃으셨던 기억이 있습니다.

여러분 모두 Bingo game을 아시지요? 이 게임은 일정한 범위 안에 있는 숫자를 표 안에 무작위로 적어 놓은 후에, 사회자는 숫자가 적힌 공을 박스 안에서 집어 들어 숫자를 부르면 각자가 가지고 있는 표의 해당 숫자에 표시하게 됩니다. 그 표시된 숫자가 일직선이나 대각선이 되어 연결되면 'Bingo!' 하고 외칩니다. 그리함으로 그 해당자가 상을 받거나 포인트를 받는 게임입니다.

Bingo 게임에서 응용되어 일상생활 가운데 어떤 일에 몰두한 후 결과가 좋아서 기쁨을 표시할 때 'Bingo' 하며 외치는 경우가 있습니다. '성공이다', '해냈다', '발견했다' 등등의 의미이지요. 어떤 상황에서 원하는 것이 바로 이루어질 때 외칩니다. Bingo! 우리들의 삶에도 Bingo! 이런 외침이 많았으면 좋겠습니다. bingo를 이용하여 예를 들어보면,

Ⓐ What could be the best gift for my mom's birthday?
엄마 생일에 무슨 선물이 좋을까?

Ⓑ How about a pair of sunglasses?
She is going to Guam for Summer vacation.
글라스 어때? 이번에 여름휴가로 괌에 가시는데.

Ⓐ Bingo! That's exactly what she needs.
바로 그거야. 그것이 바로 엄마가 필요한 것이야.

만족할 만한 대답이 오게 되면 감탄처럼 내뱉는 말입니다. 우리의 '딩동댕' 이런 리액션과 비슷하다고 볼 수 있습니다.

만족스러울 때 외치는 감탄의 말로 'eureka'를 빼놓을 수 없습니다. 특히 이는 대단한 발견을 했을 때 나타내는 외침입니다. 그리스의 유명한 수학자 아르키메데스가 왕관에 섞인 금과 은의 비율을 어떻게 알아낼지 고심하던 중, 공중목욕탕에서 목욕할 때 욕조에 들어가자 물이 넘치는 것을 보고 비중의 개념을 깨달아 너무나 기뻐 알몸인 것도 의식하지 않은 채 집으로 뛰어가며 'Eureka!'(나는 발견했네!)하며 외친 일화는 유명합니다.

eureka는 형용사처럼 쓰이기도 합니다. 예를 들면 eureka moment 하면 '큰 발견의 순간'이 되겠습니다.

He had a eureka moment in which he understood a part of essence of life as he got more religious.
그는 신앙심이 깊어가면서 생명의 본질의 일부를 이해하였다는 큰 발견의 순간을 가졌다.

Title
호칭

　상대 외국인과의 대화에서 우리가 종종 실수하는 것 가운데 하나는 호칭입니다. 호칭은 영어로 통상 title이라고 합니다. 특별히 면접하는 상황이거나 공식적인 자리에서 호칭을 잘못 부른다면 그 실수는 더욱 크게 느껴질 것 같습니다.

　우리는 교실에서 선생님을 부를 때, '선생님' 이렇게 부릅니다. 제가 예전에 아프리카 현지 중학교에서 가르쳐 보니 그곳에서도 저를 'Teacher'라고 불렀습니다. 아시아, 아프리카 등 상하관계가 분명하고 어른을 공경하는 문화가 있는 곳의 특징으로 보입니다. 그런데, 미국에서는 선생님을 부를 때 단순히 일반명사인 'Teacher!' 이렇게 부르지 않고 대신 '성'을 부르고 그 앞에 '호칭', 즉 'title'을 덧붙여 부릅니다. 예를 들면 미국의 초등학교나 중고등학교에서는 'Mr. Brown/Ms. Brown' 이렇게 부르고 대학의 경우는 타이틀을 다르게 부릅니다. 즉 'Dr. Brown' 혹은 'Professor Brown' 이렇게 부르지요. Dr.는 Doctor의 준말입니다.

영국의 경우엔 Doctor보다 Professor로 불러줌이 더 권위를 인정해주는 호칭이 됩니다. 왜냐하면 Professor라 함은 영국의 대학에서 오랫동안 강의와 연구를 통해 업적이 인정되어야 부여되는 호칭인 데 반해, Doctor는 이제 박사학위를 금방 취득한 이에게도 부를 수 있는 호칭이기 때문입니다. 그러나 미국의 경우엔 대학에서 가르치는 모든 이들에게, 즉 이제 갓 박사학위를 받고 1년밖에 안 된 조교수인 경우에도 Professor로 불러줍니다. 물론 현실적으로 대학에서 가르치는 모든 이들이 박사학위가 있기에 Doctor로 불러주는 것도 전혀 문제없습니다.

미국에서는 'Teacher!' 이렇게 부르지 않는다고 말씀드렸는데요. 마찬가지로 'Doctor!' 이렇게 부르는 것도 어색합니다. 물론 medical doctor(의사)를 부를 때는 그런 경우가 간혹 있습니다만 대학에서 교수님께 그런 식으로 부르지는 않습니다.

한 가지 주의할 것은 이런 타이틀은 Last name 즉, 성(姓)에 붙이는 것입니다. 제 이름을 예로 보면 Kilryoung Lee로 제 영문을 표기하는데 호칭을 붙이면 'Professor Lee' 하지, 'Professor Kilryoung'으로 하지는 않습니다. 한국 사람들이 참으로 잘 틀리는 것입니다. 호칭을 last name(성)에 붙여야지, first name(이름)에 붙이면 때로는 무례하게 들리기까지 하니 주의하시기 바랍니다.

미국 유학 박사과정 시절, 한 분의 교수님이 대학원 학생들과 친하게 몇 년 함께 연구도 하고 같이 지내게 되니 이제 자신을 first name으로 불러도 된다고 하셨습니다.(미국은 종종 이런 경우가 있습니다.) 그분의 성함은 Dr. Jerry Jeager입니다.

Jerry가 first name이기에 미국 학생들은 그때부터 그분을 Jerry라고 쉽게 불렀습니다만, Asia에서 온 학생들은 이게 쉽게 안 되는 겁니다. 어떻게 교수님을 예의도 없이 fist name으로 Jerry, Jerry 할 수 있느냐는 겁니다. 고민하다가 나중에 Asia 학생들은 이렇게 하더라고요. Jerry라고 first name을 부르긴 부르되 그 앞에 호칭을 붙여 Dr. Jerry로 부르더군요. 그나마 절충된 호칭으로 하여 예의 없음을 벗어나고자 하는 고충인 것이지요. 사실 first name에 타이틀을 붙였으니 굉장히 우스꽝스러운 호칭이 된 거죠. 하지만 교수님도 아시아 학생들의 이런 관점을 웃으시며 이해하셨답니다. 어릴 때부터 몸에 밴 습관과 문화 배경은 어쩔 수 없는 듯합니다.

14 Hey y'all
여러분, 안녕

유학 첫 학기를 마치고 난 직후인 겨울방학에 Kentucky의 한 조그만 시골 마을에서 홈 스테이를 한 적이 있습니다. 사실 방학 중에는 기숙사를 닫으니 20일 정도 어디에 머무를 곳이 있어야 했는데요. 마침 International Student Office의 게시판에서 크리스마스 시즌 동안에 하는 Home-Stay 프로그램을 보고는 '이거다!' 하면서 지원했습니다.

Southern Baptist(남부침례교) 주관의 프로그램이었는데 미국에 온 유학생을 대상으로 하 는 것이었고 홈스테이로 머물 수 있는 지역은 미국 전역이었습니다. 일자는 크리스마스 약 열흘 전부터 시작하여 크리스마스를 host family와 함께 보내고 12월 27일에 종료되는 12일간의 프로그램으로 기억이 되며 미국인들의 집에서 함께 숙식하며 미국문화를 배우 는 프로그램이었습니다.

프로그램 신청할 때 어디서 홈스테이할지 장소를 선택할 수 있었는데 저는 1순위로 도 시 대신 시골을 선택했습니다. 왜냐하면 대도시는 이미 가 본 곳이 많았고, 또 뉴욕이나 보스턴이나 도시 분위기는 거기서 거기라고 생각했습니다만 시골은 이런 기회가 아니면 방문 기회가 없으니 그리했지요. 제가 1순위로 선택한 Kentucky주의 Murray의 설명을 보 니 미국내륙 사람들의 친절함과 환대를 경험할 수 있고, 길을 오가는 중에 사슴을 볼 수 있다고 되어 있어 저는 두 번 생각하지 않고 그곳을 1순위로 정했습니다.

가보니 Murray는 당시 14,000여 명 정도가 사는 작은 시골 마을이었고 금주, 금연이 법 으로 정해져 있는 아주 놀랄만한 청정지역이었습니다. 미국의 새로운 모습을 보게 되었지 요. 저는 일본학생과 함께 산부인과 의사인 Dr. Green댁에 묵게 되었습니다. 의사였지만 아주 검소하였고 나누기 좋아하는 이분은 마을에서도 존경받는 분이었습니다. 이 미국 가 족이 어떻게 크리스마스를 준비하고 보내는지 옆에서 잘 볼 수 있었습니다.

저희 각국에서 온 유학생 20여 명은 그 조그만 마을에 이색화제 거리였기에 시장님, 소방서장님을 방문하였고, 또 지역 라디오방송에 출연하는 등 정말 보람 있는 시간을 보냈습니다. 만약 대도시였다면 상상도 할 수 없는 일들이었겠지요. 가는 곳마다 저희를 환영해주시고 따스한 홈메이드 식사도 대접해주셨는데요. 우리를 보고 하나 같이 이렇게 말을 하더라고요. "Hey y'all. Welcome! How are y'all doing?" 하면서 남부 특유의 환한 미소로 맞이해주시는 겁니다.

y'all? 처음 접해 보는 말이었습니다. 이것이 무슨 말인지요? 이는 southern accent(남부 방언)로서 의미는 2인칭 복수형인 **You all**(당신들)입니다. y'all은 남부 방언을 대표하는 말이라고 볼 수 있는데요. 밝게 웃어주고 인정미 넘치는 따스한 친절, 또 country music이 곳곳에서 들리고 말들이 곳곳에 방목되어 있으며 금주 및 금연이 법으로 정해져 있고 또 신앙심이 생활 속에 배인 경건한 모습들… 12일간의 켄터키의 홈스테이는 제게 미국의 또 다른 면을 새롭게 경험하는 시간이었습니다.

남부 방언 가운데 또 기억에 남는 것은 fix라는 동사입니다. 'I'm fixing to go unload my pickup cuz it's full of junk.'(나는 픽업트럭이 잡동사니로 가득하니 이것을 내리러 가겠습니다.) 여기서 fix는 '준비하다'의 의미로 남부에서 자주 쓰이는 방언입니다. 즉, 픽업트럭에 짐을 내리러 가겠다는 의미입니다. cuz는 because이지요. 다른 예문을 보면, 'I am fixing to take my shower'는 '샤워하러 가겠다'가 되겠네요.

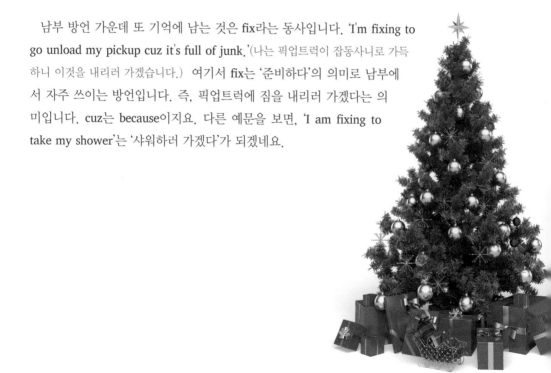

Head'em up, Move'em out!

출발!

유학 중 겨울방학에 Kentucky의 작은 마을에서 있었던 Southern Baptist(남부침례교) 주관의 홈스테이 프로그램엔 약 20여 명의 유학생들이 함께 참여하였습니다. 그 지역의 host family 각 집에 흩어져 잠을 자고, 낮에는 그룹으로 그 지역 명소와 교회를 방문하여 그곳 사람들과 점심을 함께 하면서 교류하며 미국의 크리스마스 체험을 함께하도록 했습니다.

우리를 안내하며 인솔하던 여자분은 매우 명랑한 분이었는데 국적이 다양한 20여 명의 유학생들을 인솔함이 쉽지 않았을 터인데 시종 웃음을 잃지 않고 미국 내륙지방의 친절함을 몸소 보여주었습니다. 그때 그분이 우리를 어느 한 장소에서 머물다 다른 곳으로 이동시키고자 할 때면 "Let's go!"하면서 우리를 향해 손짓하였지요. 그리고 뒤이어 "Head'em up, Move'em out"하면서 쾌활하게 웃고는 했습니다. 이것이 반복되면서 우리도 이를 따라서 "Head'em up, Move'em out"을 모두 합창하면서 웃었습니다. 그 프로그램에서 이 말은 우리 사이에 꽤 유행되었지요.

'Head'em up, Move'em out'의 의미는 무엇일까요? 'Head them up, Move them out'의 축약형인데요, 이 말은 1800년대 미국의 서부시대에 소 떼를 몰고 Texas에서 Kansas로 이동을 시키던, 즉 Cattle drive 하던 카우보이들이 쓰던 말입니다. Kansas의 기찻길까지 몇 개월을 몰고 가면 그곳에서 기차에 태워 시카고와 동부로 운송을 하게 하는 것이지요. 이 표현은 소 떼를 몰고 가는 책임자 격인 우두머리 카우보이, 즉 trail boss가 카우보이들에게 내리는 명령어이지요. 의미는 '(소 떼를) 앞을 향해 움직이도록 해!' 다시 말해 '출발!'입니다.

이 표현은 1960년대 미국에서 인기리에 방영되었던 'Rawhide'(로하이드)라는 TV 드라마의 주제가에서 나온 가사이기도 하여 아주 유명해졌습니다. Eric Fleming과 Clint Eastwood가 주연한 이 드라마 덕분에 Clint Eastwood가 우리나라에서 유명해지기도 했습니다.

저도 초등학교 시절 흑백 TV로 이 드라마를 아주 재미있게 보던 기억이 있는데요, 주제가가 매우 역동적이고 활기가 있으며, 황야에서 소 떼를 이끄는 거친 분위기가 느껴질 만큼 리드미컬한 음악이 어린 제게도 인상적이었습니다. 제게도 또렷이 기억에 남는 드라마였고 또 다른 서부영화인 '보난자'와 함께 한국에서 큰 인기를 누렸지요. 후에 커서 가사의 의미를 보니 리듬 이외에도 카우보이들의 세계를 적나라하게 잘 그린 것 같아 흥미롭습니다. 이제 보니, 제 개인적으로 미국문화의 일면을 인생 처음 접해 본 것이 바로 어릴 때 보았던 '로하이드'와 '보난자'로부터였던 것 같습니다.

카우보이들의 말인 'Head'em up, Move'em out', 이 표현은 자연스레 남부의 스피릿을 함축하여 'can do' 스피릿이 되었습니다. 이제는 이 말이 'Let's get going!'(출발하자! 가자!)을 의미합니다. 우리말로 치면 '아자!', '파이팅!' 입니다.

16 Nickname of States
주의 닉네임

유학 중 겨울방학에 Kentucky에서 있었던 홈스테이 프로그램에 참석하는 길이었습니다. Nashville 공항에 내려 Murray시로 가는 길에 곳곳에 'Welcome to Kentucky—The Bluegrass state'라고 쓰인 간판이 서 있는 것을 보았습니다. Bluegrass state? 당시에 무슨 말인지 알지 못했습니다.

나중에 보니 이것은 미국 Kentucky 주의 nickname이었습니다. 미국의 모든 주에는 nickname이 부여되어 있습니다. 예를 들어 뉴욕주는 'The Empire State'이고 California는 'The Golden State'라는 별칭이 있습니다. 그러고 보니 미국에 처음 방문했을 때, 저를 New Jersey의 Newark 공항에서 태워주었던 선배님의 앞선 차량 플레이트에 New Jersey의 nickname인 'The Garden States'라고 표기된 것을 보고 신기해했던 적이 있습니다. Florida 에 갔을 때도 차량 플레이트에 'The Sunshine State'라고 적혀있던 것이 기억납니다.

각 주의 닉네임은 각 주의 특성을 따라 지어졌는데요. Kentucky가 'The Bluegrass State'

인 것은 bluegrass라고 불리는 잔디의 종류가 전역에 자라나기 때문입니다. 그 종이 새싹일 때 약간 파랗고 보랏빛이 가미되어 보인답니다. 그래서 멀리서 보면 blue색의 grass로 느껴진다고 합니다. 그렇지만 사실 제가 Kentucky에 실제 보는 잔디가 파란빛이 나는 느낌이 들지는 못했습니다. 홈스테이 프로그램에 참여한 외국인 유학생들 모두 첫 만남에서 자기소개를 하는데 '실제 보니 Kentucky 잔디가 blue하지 않다', '그 말이 사실인지 궁금하다' 등의 이야기를 쏟아냈었지요.

California는 10세기 중반에 금이 발견된 직후 소위 'Gold rush'를 통해 수십만의 사람들이 그곳으로 몰려들었습니다. 닉네임 The Golden State는 그것과 연관이 있음이 분명합니다. 실제 Golden Gate Bridge(금문교)도, 또 샌프란시스코를 연고지로 한 NBA 프로농구팀 이름도 'Golden State Warriors'인 것을 보면 Gold는 California와 뗄 수 없는 관계인 것 같습니다.

New York은 The Empire State로 불리는데요. 많은 이들이 Empire State Building을 따서 지은 닉네임이 아닌가 합니다만, 이 빌딩이 완성되기 이전부터 이미 Empire State라고 불렀습니다. Empire는 제국이라는 의미인데요. 많은 부와 자원이 모이는 곳인 뉴욕을 상징하는 의미일 것으로 보입니다.

Florida는 아열대 기후 속에 해변에서 태양 빛을 즐기기에 좋은 지역이어서 The Sunshine State란 닉네임이 지어졌음을 쉽게 끄덕거릴 수 있습니다. 그러나 New Jersey가 The Garden State로 선택되어 결정된 것은 사실 금방 이해되지 않는 부분이 있지만 어쨌든 지금도 New Jersey가 cranberries, spinach, blueberries, peaches 등의 미국 내 주산지이며 100종이 넘는 과일을 생산해내는 곳이기에 적절하다고 볼 수도 있습니다.

몇 개 더 살펴보면 Delaware는 미국 첫 13개 주 가운데 첫 번째 주로서 미국 헌법을 비준한 주입니다. 그런 연유로 'The First State'의 명성을 가지게 되었습니다. Alaska는 'Last Frontier'입니다. 이는 아직 개척되지 아니한 엄청난 땅을 개척하는 이미지를 나타낸 말이지요. Texas는 'Lone Star State'라고 불리는데 이는 한때 독립국가였던 Texas를 상기시켜 주고 있습니다.

17 Tailgate party
테일게이트 파티

연구년 때 미국에서 다녔던 현지 교회에는 중학생을 지도하는 대학생 Adam이 있었습니다. UC Davis에 다니는 학생이었는데요. 학기 중에 공부하기도 바쁜 일정일 텐데 일주일에 한 번씩 중학생들을 자기 아파트로 불러 다양한 activity를 하며 모임을 갖는 것을 보고 저나 아내나 Adam 청년을 신뢰하고 좋아하게 되었지요. 어느 날, 그 청년의 Facebook에 가니 다음과 같은 글이 있었습니다. 'Tomorrow with UC Berkely. Tailgate at 12. Game at 2.' UC Davis 대학은 인근 UC 계열의 대학교들과 상호방문하면서 운동경기를 하는데요, 내일 UC Berkely와 운동경기가 있고 그 경기에 응원하러 간다는 이야기이고, 경기 시작은 2시인데, 2시간 전인 12시에 Tailgate를 한다고 되어 있네요. Tailgate는 무슨 말일까요?

Tailgate는 경기 전에 경기장 주차장에서 사람들이 모여 차(종종 Station Wagon 타입의 차량) 뒷문을 열고 파티를 하는 것을 의미합니다. 미국은 통상 경기장의 주차장이 엄청 넓은데요, 그 주차장 이곳저곳에서 Tailgate를 하는 것을 볼 수 있습니다. 통상 음악을 크게 틀어놓고, 간단한 스낵과 청량음료 그리고 바비큐를 굽습니다. 햄버거와 핫도그도 자주 등장하지요. 또 종종 상대 팀 팬들과도 함께 어울리기도 하는 오픈된 파티입니다. 원래 Tailgate란 말은 Station Wagon 혹은 Truck 타입의 차량의 뒷문을 이야기하는 것이고요. 그 뒷문을 열어 평평하게 젖혀놓고 파티를 하는 것이니 올바른 쓰임은 Tailgate Party라고 해야 할 것 같습니다. 원래 미식축구 경기에 응원을 하러 가는 이들로부터 시작했고 지금은 다른 경기종목에도 하고 있으며 이제는 때때로 오케스트라 공연에도 한다고 하는데요. 어쨌든 미국 스포츠의 독특한 전통이 되었다고 볼 수 있습니다.

tailgate는 동사로 쓸 때는 'tailgate party를 하다'의 의미가 있어서 We are going to tailgate before the game tomorrow. You wanna come?(내일 경기 이전에 테일게이트 파티하는데 참여할래?) 이런 식으로 쓰게 됩니다.

연구년 그해 여름 어느 토요일에 인근 Oakland에서 있었던 메이저리그 Oakland Athletics와 Seattle Mariners의 경기를 아이들과 한번 가보았습니다. 당시 Seattle Mariners 소속의 일본 출신 우익수 이치로 선수의 활약을 보았지요. 일본인들이 1루와 우익수 쪽에 많이 앉아 그를 응원하는 것을 볼 수 있었습니다. 저와 아이들은 이 경기 전에 우리도 한번 Tailgate를 하자고 의기투합이 되어서 해보았습니다. 시합 시작 한 시간 반쯤 전에 도착하여, 주차장에 차를 세워 트렁크를 열어 놓고 간이의자를 펴고 앉아 아내가 싸준 김밥을 먹었습니다. 음악도 없고 시끌벅적도 하지 않으며 조용히 아이들과 함께 김밥을 먹는 조촐한 파티였습니다만 Tailgate party임에는 틀림없었습니다.

미국에서 유행인 tailgate party에 대하여 왜 영국에선 유행하지 않을까 하는 이유를 쓴 글을 읽어본 적이 있는데요. 그 이유가 몇 가지 있습니다. 첫째, 상대 팀의 팬들과 함께 어우러져 파티하기는 영국 축구 문화 속성상 상상하기 어렵습니다. Manchester United팀과 Liverpool팀의 팬들이 함께 어울리는 것에 대해 훌리건 충돌을 염려하는 영국 경찰은 허가하지 않을 것입니다. 또 미국보다 면적이 훨씬 적은 영국은 미국과 같은 큰 주차장 공간이 경기장 주변에 없습니다. 그리고 영국은 Station wagon이나 트럭 타입의 차량이 미국보다 훨씬 보급이 안 되어있기에 실제 tailgate party를 할 여건이 안 되는 것이지요.

미국 경기장의 광활한 주차장에서 차 뒷문을 열고 음악을 크게 틀어 놓고 바비큐를 굽느라 연기를 내며 여기저기서 하는 Tailgate는 미국만의 고유한 문화라고 하겠습니다.

18 Don't cut in line

새치기하지 마세요

미국에서 가장 규모가 큰 쇼핑 시즌은 **Black Friday**를 기점으로 이루어진다고 볼 수 있습니다. 11월 마지막 목요일인 추수감사절 그다음 날인 금요일을 **Black Friday**라고 하며 이때 이후로 연말까지 미국 전역에 크리스마스 세일에 들어가는 공식적인 날이기도 합니다. black이라고 하는 이유는 상점들이 이날 연중 처음으로 장부에 적자(red ink) 대신 흑자(black ink)를 기재한다는 데서 기인합니다. 미국에서 연중 가장 큰 규모의 쇼핑 세일이 행해지는 날이며 소매업체의 경우 1년 매출의 70%가 이날 이루어지고 있다고 하니 가히 **Black Friday**의 쇼핑 열기를 가늠할 수 있습니다.

저는 **Black Friday**에 캘리포니아의 유명한 Vacaville의 Outlet mall로 아내와 쇼핑을 하러 갔던 적이 있습니다. 제가 살던 Davis에서 샌프란시스코 쪽인 서쪽으로 불과 약 20분 정도 거리에 있습니다. 명품매장을 비롯하여 100개가 넘는 매장들이 즐비하고 식당과 쉴만한 곳이 있는 그곳은 특별히 여성들이 열광하는 곳이지요.

Black Friday 아침 11시 30분경에 가보니 사람들로 인산인해를 이루었습니다. 어떤 상품을 사려고 아내와 제가 긴 줄을 한참 서 있는데, 어떤 남자가 휴대폰을 사용하면서 슬쩍 제 아내 옆으로 서 있다가는 점점 줄 안으로 새치기를 하는 것이었어요. 이를 본 어떤 흑인 아줌마가 소리쳤습니다. "You can't cut in line like that. Your mom didn't teach that way."(당신은 그렇게 새치기하면 안 됩니다. 당신의 엄마가 그렇게 가르치지 않았잖아요.) 흑인 아줌마 대단하네요. 명확히 지적하고 엄마까지 들먹이니 이 아저씨가 꼼짝도 못 하고 머쓱해져 뒤로 가서 서더라고요. 아시겠지만 새치기하는 것은 'First come, first served' 즉,

먼저 온 자가 먼저 혜택을 보는 선착순의 개념과는 반대되는 행위로 공정성을 무너뜨리는 행위입니다. 흑인 아줌마의 그 외침이 후련하게 느껴집니다.

그 흑인 아줌마가 사용한 숙어, 'cut in line'은 '새치기하다'라는 의미입니다. 예를 들면, Somebody tried to cut in line and a fight broke out.(어떤 이가 새치기하려고 했기에 싸움이 일어났습니다.) 또 다른 표현으로 'jump the line'이라고도 하고 혹은 'jump the queue'라고도 하는데 이는 영국이나 호주에서 주로 쓰입니다. line을 영국에서는 queue라고 하지요. 동사로도 쓰여서 'Please queue here.'하면 '이곳에서 줄을 서서 기다리세요.'의 의미이지요.

통계적으로 새치기하는 사람을 발견할 때 그 줄에 서 있는 이들이 제지할 확률은 약 54%라고 하네요. 그러니까 새치기 시도의 반 정도는 성공이 되는 것이군요. 새치기 시도를 발견하면 모르는 척할 것이 아니고 기다리던 이들이 함께 공세를 퍼붓게 되면 창피해서라도 뒤로 돌아가 서지 않을까요?

그런데 어떨 때는 정말 새치기가 필요한 때가 있지요. 예를 들면 공항에서 비행기 출발 시간이 급박한데 출입국검사 줄이 너무 길게 늘어 있을 때는 정중하게 새치기 요청이 필요할 때가 있을 것입니다. 그럴 때는, 이렇게 이야기하면 모두 당신의 새치기를 인정해줄 것입니다.

Excuse me, I'm in a bit of a hurry. Could I please cut in line?
실례합니다. 제가 조금 급합니다. 앞에 서도(새치기해도) 될까요?

The third time is the charm
세 번째 시도는 성공한다

　미국에서의 연구년 동안에 아내가 몸이 아파 병원에 간 적이 있습니다. 약간 빨간 색의 머리 색깔을 가진 그 의사 선생님은 매우 친절했고 환자인 아내의 말을 잘 들어주었습니다. 그런데 처방전을 받아 약을 구해 복용했는데 차도가 별로 없었습니다. 열흘 정도 후에 다시 방문하여 상담하고 약을 바꾸어보았는데요, 여전히 특별한 변화가 없자 저희 부부는 조금 근심하여 다시 방문하였습니다. 무슨 큰 병은 아닌가 하는 걱정도 있었고 또 저희가 자칫 까다롭게 구는 환자로 인식될까 봐 조심스러운 마음도 있었습니다.

　그 선생님은 특별한 언급 없이 다른 약으로 바꾸어 처방해주셨는데요. 이 세 번째 약을 먹고 난 다음에 증상이 싹 사라졌지요. 다음 예약 시간에 찾아가 선생님께 증상이 사라졌다고 말씀을 드리니 선생님이 말씀하시네요. "The third time is the charm."

　이는 '세 번째 시도는 성공한다'는 의미인데요, 첫 번째는 물론 두 번째 시도에서도 실패했을 때, 주변에서 위로하면서 세 번째 시도에서는 성공할 거라는 격려의 표현으로 자주 쓰입니다. 미국에서 이렇게 쓰이는 데 반해 영국에서는 'Third time lucky'라고 쓰입니다. 비슷한 컨셉이지요.

　야구선수가 두 번의 삼진 아웃을 당하고 난 다음에 세 번째 타석에 나왔다면 이렇게 팬들은 이야기할 겁니다.

Maybe he'll get lucky this time. The third time's the charm!
아마도 그는 이제 행운이 있을 거야. 세 번째 시도는 성공하거든.

왜 세 번째는 운이 따른다고 생각하게 되었을까요? 이에는 여러 가지 속설이 전해지는 데요, 그중에서도 재미있는 것은 다음과 같습니다. 1885년에 영국에서 살인죄로 사형선고를 받은 한 선원에게 교도관들이 교수형을 집행하였으나 실패하고 그 범인은 살아남았습니다. 이에 한 번 더 시도하게 되는데요, 두 번째도 그 범인은 살아남았습니다. 이에 그 형을 집행하는 주무 관리가 세 번째는 집행하지 않고 그 범인의 죄를 사형으로부터 무기징역으로 감형시켜 주었고 나중엔 결국 풀려나게 되었습니다. 그 이후부터 위와 같은 이야기가 내려오고 있다는 속설이 있네요.

우리 한국어에도 한두 번 해보고 그만두기보다는 한 번 더 해보라 하면서 격려하곤 하지요. 인간의 약한 마음은 두 번 한 것이면 할 만큼 했다고 생각하는 것이 있는데요, 지쳐있기에 다시 시도함이 쉽지 않은 상태이고요. 그럴 때 주변에서 다시 한번 해보라 격려하면서 해줌 직한 말입니다.

제 조카가 교원 임용고시를 볼 때 두 번 실패하고 난 다음에 마음에 갈피를 못 잡았던 적이 있습니다. 두 번 다 1차엔 붙고 2차에서 떨어졌으니 속상하였을 겁니다. 그때 조언해준 말이 포기하고자 할 때 한 번 더 해보는 것이 인생을 바꾼다고 해주었는데요. 그는 다행히 세 번째에 우수한 성적으로 합격하였지요.

동양이나 서양이나 삼세번에 대한 마음으로 끈기있게 해보라고 하는 것이 신기하게 동일합니다.

Try again. The third time's the charm.
다시 시도해보아요. 세 번째는 성공할 거예요.

20 **Knock on wood**

제발 그러기를요

운동선수, 특별히 야구선수는 다양한 형태의 특이한 행동을 보일 때가 많은데요, 예를 들어 타자가 배터박스에서 방망이를 투수를 향해 겨냥하는 제스처를 한다든지, 혹은 헬멧의 특정 부분을 툭툭 건드린다든지, 혹은 수비하러 운동장에 나올 때 파울선을 절대로 밟지 않는다든지 하는 버릇 같은 행동을 보입니다. 메이저리그 뉴욕 양키즈 소속으로 1941년 56경기 연속 안타를 친 세계적인 선수인 **DiMaggio**(디마지오)는 수비 마치고 더그아웃에 들어갈 때 항상 2루 베이스를 밟고 들어간 것으로 유명합니다.

이는 모두 행운을 비는 선수들의 특별한 행동 유형들입니다. 지난 2018년 9월에 있었던 **LA** 다저스의 경기에서 류현진 투수가 타자로서 놀랍게도 3타수 3안타를 치자 바로 뒤의 타자가 갑자기 류현진의 방망이를 빌려 사용한 것도 불안한 마음의 선수들이 행운의 기운을 얻고자 하는 행동이지요.

인간은 5분 앞을 내다보지 못하기에 앞으로 일어날 일에 대한 여러 가지 심리적 불안이 있는 것이 사실입니다. 그것을 극복하고 평안을 가지고자 여러 위안이 되는 말이나 행동들을 의도적으로 하는 것입니다.

영어에서 'knock on wood'가 위안을 얻고자 의도적으로 하는 표현입니다. 이는 '살피소서', '제발 그러기를요' 등의 의미로서 행운을 빌거나 악운을 피하는 방법으로 나무를 두드려야 한다고 믿는 미신에서 비롯되었는데요. 행운의 말을 하고 난 다음에 행운이 계속 이어지기를 바라는 마음에서 이 말을 덧붙이는 것이지요.

예를 들어 어떤 자랑을 한 뒤 'knock on wood'를 덧붙임으로써 잘 되기를 희망하는 마음이 담겨있지요. 'So, far, I've had no expensive repairs to do to the house, knock on wood.'(지금까진 집수리로 이렇다 할 돈이 들어간 게 없는데, 앞으로도 제발 그러면 좋겠네요.) 이 문장 맨 끝에 knock on wood를 덧붙임으로써 집 문제로 돈을 낭비하지 않기를 원하는 기원의 마음을 담고 있습니다.

통상 미국에서는 'knock on wood'를 쓰고 영국에서는 'touch wood'를 씁니다. knock on wood 혹은 touch wood를 밀할 때엔 종종 실제 테이블을 두드린다거나 하면 더욱 실감 나게 들리겠지요? 다음 예문을 보면 비가 오지 않기를 원하는 희망이 계속 이루어지기를 바라는 마음이 touch wood에 담겨있습니다.

The rain looks like it's holding off, touch wood.
비가 오지 않는 듯합니다. 계속 그러기를 바라요.

또 아래 예문에서는 총을 지금까지 만져본 적이 없을 만큼 평온한 인생을 살고 있는데 앞으로도 계속 그런 평화 속에 살고 싶다는 염원으로 knock on wood를 문장 뒤에 붙여 표현하고 있습니다.

I have never had to use my gun before, knock on wood.
나는 전혀 총을 사용해 본 적이 없어요. 계속 그러기를 바래요.

white-bread
미국 백인 중산층으로 세상물정을 모르는 순진한 사람

몇 해 전, 제가 속한 학과의 원어민 교수 채용을 위한 면접에서 있었던 일입니다. 한 지원자의 면접을 마치고 심사위원 교수들이 이런저런 이야기를 나누는데, 그 지원자를 언급하면서 한 원어민 교수가 이야기합니다. "He is great. But one thing is he may be a white bread."(그분은 괜찮은 분인 것 같습니다. 근데 한 가지는 그분은 white-bread인 것 같아요.) 순간 제가 잘못 들었나 했습니다. '하얀 빵?'이라고요? 무슨 의미일까요?

바로 원어민 교수에게 문의해보았습니다. 너무 순진하여 세상 물정을 잘 모르는 사람을 일컫는다고 하네요.

사전을 살펴보니 재미있습니다. 미국 중산층에 속한 이들로 일반적으로 재미없고 별 개성 없는 이들을 의미하네요. 통상 백인이고 교외 지역에 거주하며, 골프를 치고, Kenny G의 음악을 좋아하고 SUV(소렌토나 코란도 같은 스포츠유틸리티차량)를 타며, 잔디를 돌보는데 관심이 매우 많고, 골든 리트리버(Golden Retriever : 황금색 털이 있는 온순한 대형견) 개를 기르고, 절실하지는 않으나 명목상 기독교를 믿고 있다고 이야기하며, 정치적으로는 중도에서 보수에 걸쳐있고, Old Navy 옷을 즐겨 입는 화이트칼라의 계층 사람들이라고 하네요.

대략 어떤 유형의 라이프 스타일인지 느껴졌습니다. 제가 미국에서 만났던 백인 사회의 분위기가 느껴졌는데요, 교외 지역의 조용한 주택가의 잔디가 너른 중산층 정경이 떠올랐습니다. White-bread가 그런 분위기 속에 곱게 큰 미국 백인으로서 세상 풍파를 모르는 사람들을 일컫는구나 알게 되었습니다.

'White-bread'와 'Yuppie'는 서로 겹치는 부분도 있지만 조금 다른데요. White-bread가 백인 중산층으로 세상 풍파를 잘 모르는 이들을 가리킨다면 Yuppie는 (y)oung (u)rban (p)rofessional의 줄임말로, 대학을 졸업한 지 오래지 않은 젊은이며, 도시적이며, 고소득 전문직이고 부유한 생활패턴을 가진 이들을 지칭합니다.

다음 예문에서는 잔디 깎는 일이 중요한 가사인 미국 중산층 사회의 White-bread 동네를 꼬집고 있습니다.

This is a typical white-bread suburban neighborhood.
이곳은 전형적인 white-bread 교외 지역이네요.

I've heard that the amount of money that white-bread neighborhood spends on lawn fertilizer could feed a small African nation.
미국 화이트 브레드가 사는 동네에서 잔디에 줄 비료 사는데 들이는 비용이면 조그만 아프리카 국가를 먹여 살릴 수 있다고 들었어요.

💬 ²² Slow down!
속도 낮추세요!

미국에서의 운전은 우리보다 훨씬 덜 복잡한 곳임에도 주의해야 할 사항들이 많이 있습니다. 우선 어느 도로에 가든지 그 도로의 제한속도에 항상 주의를 기울여야 합니다. 예로 45마일로 제한속도가 되어 있는 길인데, 학교 앞을 지날 때면 어김없이 30마일로 제한속도가 뚝 떨어짐을 볼 수 있었습니다.

미국에서 처음 운전을 시작했을 때는 이것이 쉽지 않았습니다. 특히 시골길을 달릴 때 잘 달리던 앞의 차가 갑자기 속도를 줄이고 서행을 하면 저는 답답해하고는 추월을 시도했는데 알고 보니 학교 앞이었던 것입니다. 우리도 지금은 많이 바뀌어 가고 있습니다만 그 당시에 한국에서는 학교 앞에 감속된 제한속도 표시가 있음에도 통상 이를 무시하고 기왕의 속도를 그저 유지하고 달리는 경향이 많았기에 제가 미국에서 이에 적응함이 쉽지 않았습니다.

고속도로에서도 마찬가지입니다. 통상 55마일(88km/h)이 제한속도인데요, 보통 제한속도의 10마일까지는 암묵적으로 용인되어 55마일 존이면 65마일(104km/h)까지는 괜찮다고 여깁니다. 그 이상의 속도는 속도위반 티켓(speeding ticket)을 받을 각오를 해야 합니다. 우리보다 더 넓고 한가한 미국의 고속도로에서 겨우 65마일 즉 104km로 달리는 것이 처음엔 너무 답답하였기에 기분 좋게 속도를 내다가 정말 용케도 알고 달려오는 경찰차에 걸리곤 했는데요, 그때마다 경찰은 제게 'Hey, slow down!'이라고 했습니다.

'Slow down'(속도를 낮추세요), slow와 down을 함께 종종 씁니다.

이때 slow는 우리가 통상 알고 있는 형용사 '느린'의 의미가 아니라 동사 '천천히 가다'로 쓰인 것입니다. 부사 down과 함께 쓰임을 알아 두세요. 예를 들어, Oh, you're speeding now. Slow down! Why don't you use cruise control.(아, 속도가 빠르네요. 속도 낮추세요! cruise control을 써보지 그러세요.) 반대로 '속도를 높이세요'로 하려면 어떻게 쓰면 될까요? slow down을 반대로 하여 fast up하면 될 것 같은데 실제 이렇게 쓰지는 않습니다. 'speed up', 혹은 'step on it' 이렇게 쓰면 됩니다. 'step on it'은 '밟아라'란 우리 말과 아주 유사한데요, 여기서 'it'은 액셀러레이터를 의미한다고 보면 되겠습니다.

미국에서 운전할 때 몇 번 speeding ticket을 받고 난 다음에, 그러니까 몸으로 배우며 비로소 알게 되었습니다. 운전할 때 속도 표지판을 늘 주시해서 그것에 맞게 속도를 다르게 해야 하며 이를 무시하다가는 반드시 speeding ticket을 받게 되더라는 것을요. 또 미국 차에 장착되는 GPS(Global Positioning System:내비게이션)에는 속도위반 단속 지점을 알려주는 기능이 없으니 늘 조심해야 합니다.

한 가지, 미국에서는 장거리 운전을 할 기회들이 무척 많습니다. 옆 도시 3시간 정도 떨어진 곳은 그리 멀다고 느끼지 않고 큰 부담 없이 운전하여 다니곤 합니다. 한국에서 3시간 운전은 장거리이겠지만 미국에선 3시간 운전은 그리 부담되는 거리가 아닙니다. 유학 시절, 뉴욕시에서 사는 한국교포 자녀들이 제가 다니는 학교에 많이 다녔는데요, 운전하면 7시간 걸리는 거리입니다만 주말에 그들이 종종 뉴욕에 다녀오는 것을 보고 깜짝 놀란 적이 있습니다. 왕복 14시간의 거리인데 그리 큰 부담 없이 다니더군요. 그때 한국과 미국의 거리 감각이 차이가 있다는 것을 느꼈습니다.

장거리 운전 시, 미국에서 생산되는 차는 'cruise control'이라는 옵션 장치가 되어 있어서 속도를 맞추어 놓으면 속도에 신경을 쓰지 않고 핸들만 작동하면 되는 경우가 있어 아주 편리합니다. 한국에선 이 장치를 사실 제대로 쓸 곳이 마땅하지 않습니다만, 미국에서는 넓은 고속도로가 한 가한 편이었기에 cruise control로 속도를 맞추어 놓고 양반다리를 하고는 핸들만 움직이며 여행을 했던 기억이 있습니다. 이것을 사용하면 자기도 모르게 속도가 빨라지는 것을 방지할 수 있어 좋습니다.

23 Go Dutch
각자 먹은 만큼 냅시다

기성세대 층에서는 음식값 지불할 때 각자 자기 몫을 지불하기보다 그 구성원의 상사 혹은 연장자가 지불하는 경우가 많습니다. 기성세대의 친구 간에도 한 번씩 돌아가면서 한 사람이 몰아서 내는 경우가 많습니다.

그러나 비교적 자유분방한 젊은이들은 자신이 먹은 음식은 자신이 각자 지불하는 형태를 선호하는 것 같습니다. 이럴 때 쓰는 말이 '더치페이(Dutch pay)'인데요. 각자 먹은 만큼 지불하는 이 행태가 신세대에겐 좀 더 합리적으로 보이기 때문에 많이 확산하는 것 같습니다.

그런데, 이 'Dutch pay'는 'Go Dutch'라는 표현에서 나온 'Konglish'입니다. 의미는 '각자가 먹은 만큼 내자'라는 표현이고 정확히 'Go Dutch' 혹은 'Let's go Dutch'로 표현합니다.

엄격하게 이야기해서 'Go Dutch'는 더 많이 먹은 이가 더 많이 내는 방식인데요, 그런데 요즘 보면 우리들은 살짝 한국식으로 바꾸어서 계산서의 금액을 사람 수대로 나누어, 즉 1/n으로 일률적으로 내는 방식을 선호하는 것 같습니다. 많이 먹은 이나 적게 먹은 이나 동일한 액수를 내게 되는 것이지요. 많이 먹은 이나 그렇지 아니한 이나 공동으로 균일한 금액만 내면 되니, 각자 내는 서양문화와 많이 먹건 적게 먹건 공동의 금액으로 나누는 동양문화가 적절하게 섞인 것으로 볼 수도 있겠습니다.

I thought he paid for me tonight, since today is his pay day. But we ended up going Dutch.
난 오늘이 그의 봉급날이어서 나 대신 지불해줄 줄 알았지요. 그런데 결국 각자 내는 것으로 했어요.

'Let's go Dutch.' 이외에도 '각자 냅시다'의 의미로 'Let's split the bill'로 표현할 수 있습니다. 혹은 반반 부담인 경우엔 'Let's go fifty-fifty' 혹은 'Let's go half and half.' 이렇게 사용합니다.

궁금한 것은 왜 'Dutch'(네덜란드의 형용사 꼴)를 사용할까인데요. 이는 17C로 거슬러 올라가 영국과 네덜란드의 해상무역의 세력 싸움에서부터 시작됩니다. 싸움에 패한 영국인들은 나쁜 의미를 Dutch에 붙여 사용하기 시작했고 이것이 유래가 되었습니다. 예를 들면 'Dutch act'는 자살행위, 'Dutch uncle'은 심하게 비판하는 사람, 'Dutch courage'는 술김에 부리는 용기, 허세를 의미합니다.

우리도 비슷한 예가 있지요? 예전에 빙상 쇼트트랙 김동성 선수가 미국의 오노 선수의 오버액션으로 1등을 빼앗기고 난 후 오노 선수의 이름을 따서 만든 단어들이 있었습니다. 예를 들어 '오노 같은'이라는 단어가 유행했고 의미는 '비열한'의 뜻을 가졌었지요. 심지어는 당시 '오노 목에 금메달'이라는 속담도 나왔는데 의미는 '도무지 어울리지 않는 상황'이라는 뜻이었습니다.

 Would you pass me the salt?

소금 좀 건네주시겠어요?

큰 식탁에 둘러앉아 여러 명이 식사를 할 때, 너무 싱거워 소금을 치려고 합니다. 그런데 소금이 저쪽 편에 있습니다. 어떻게 하지요? 한국인 정서상, 어떤 분은 부탁하는 것이 미안하여 조용히 실례가 안 되게 슬그머니 일어나 저쪽 편으로 가서 살짝 소금을 가져오는 분이 있습니다. 그러나 이는 영어권에서는 큰 실수입니다. 그 소금에 가깝게 앉아있는 사람에게 정중히 부탁해야 합니다. 'Tom, can you pass me the salt, please?' 하고 말입니다. 중요한 식탁 매너 중 하나이지요.

한 가지 더 첨언하자면, 옆에 앉은 이로부터 소금이나 후추 한 가지를 전달해달라고 부탁받았을 때, 소금과 후추 두 개 모두를 전달함이 예의입니다. 예를 들어 'Pass me the salt please.'라고 했더라도 소금은 물론 후추까지 두 개 모두를 전달하는 것이지요.

서양에서 격조 있는 식사를 할 때 품위 있는 식탁 매너는 거의 100가지 이상 될 것입니다. 소리 내서 먹지 않는다든지, 또 입안에 음식이 있을 때 이야기하지 않는 등 기본적인 것 이외에도 우리가 미처 잘 인지하지 못하는 것 예를 들면, 의자에 앉자마자 냅킨을 펴서 무릎 위에 올려놓아야 한다든지, 음식 먹는 중간에 잠깐 자리를 비운다면 냅킨을 의자 위에 올려놓지만, 식사를 다 끝내고 난 다음엔 식탁 위 왼편에 냅킨을 대강 접어 올려놓아야 하는 것 등이 있지요.

또 포크나 스푼을 사용하는 방법은 'outside-in rule'에 의거, 바깥쪽 도구부터 먼저 사용하여 점차 안쪽에 있는 것들을 사용하는 것이랍니다. 음식을 먹다가 잠깐 화장실에 가고자 할 때는 어떻게 해야 할까요? 'Excuse me. I will be right back.' 이야기하고 다녀오면 됩니다. 아무 말 없이 슬그머니 자리에서 일어나는 것은 예의가 아니지요.

외국 사람과 식사를 함께 하다 보면 미각에 대한 다양한 표현을 사용할 때가 있는데요. 음식이 '짜다, 싱겁다, 맵다' 등의 맛에 관한 표현을 알아볼까요? 먼저, 짜고 싱겁다는 말은 소금 'salt'를 이용해서 표현해보면 간단한데요. 'It's salty.'는 '짜다'. '싱겁다'는 통상 'It's not salty.'로 하면 됩니다. 또 싱거우면 소금이 필요하므로 'It needs more salt.'라고 해도 되겠죠. 다음과 같아요.

My soup needs more salt. Would you pass me the salt?
수프가 싱거워요. 소금 좀 주겠어요?

한국에 와 있는 외국인 중에는 김치와 떡볶이 등 매운 음식을 잘 먹는 사람들도 있지만, 외국에서 매운맛을 본 적이 없는 사람들이 김치를 먹어보겠다고 하면 이거 되게 매운(spicy) 것이니까 각오하라고 한마디 해주는 것이 미리 우유와 초콜릿을 준비하는 것만큼 중요합니다.

Kimchi is very spicy, almost burning.
김치가 매워요. 거의 활활 불 날 지경이지요.

이 밖에도 기름기가 많아 느끼할 때는 'greasy', '너무 달다'고 말할 땐 'too sweet'이라고 합니다. 또 '음식이 상한 듯하거나 맛이 이상하다'고 느껴질 땐 'It doesn't taste right.' 또는 'It tastes funny.' 등으로 말하기도 하니 이런 표현을 익혀두시면 외국인과 식사할 때 유용하겠습니다.

25 Furlough
무급휴가

일 년간 California에서 연구년을 보내기 위해 그곳에 도착하여, 3일이 지난 후 드디어 현지에서 중고차를 샀습니다. 그리고 그다음 날 교환교수로 소속되어 있는 캘리포니아 주립대학(California State University, Sacramento)에 신고하러 갔습니다.

친절한 직원, Tracy의 안내로 학교 ID카드를 만들고, 학교 및 그 지역에 대한 안내를 받았습니다. 미비 서류가 하나 있어 다음 약속 날짜를 잡으려 하는데, 그 주 금요일은 'furlough day'이기에 안 된다고 합니다. Furlough는 처음 듣는 말이어서 이해가 안 된다고 하니 Tracy가 친절하게 설명해주었습니다.

Furlough의 원래 의미는 비자발적인 일시적 강제 휴가입니다. 주로 군대나 회사, 교도소 등등에서 사용되는 단어입니다. 캘리포니아의 재정 악화로 주립대학인 이곳의 직원들이 강제로 한 달에 이틀씩 쉬도록 하는 furlough가 시행 중인데, 자신의 furlough day가 그 금요일이라는 것입니다. 제가 쉬는 날이어서 좋겠다고 했더니, "Yes and no⋯"합니다.

월요일이 마침 Martin Luther King Day이기에 금요일부터 월요일까지 연 4일간의 긴 연휴여서 좋기도 하지만 furlough day에는 월급을 받지 못하는 강제 무급휴가이기에 좋은 것만은 아니라고 합니다.

사실 이틀이면 한 달 30일 중 토요일과 일요일을 제외한 20일의 근무 일 가운데 10%에 해당하는 큰 비중입니다. 이는 곧 자신의 월급의 10%가 삭감된다는 의미가 되는 것이기에 당사자 입장에서는 심각한 상황인 것으로 보입니다.

사실 캘리포니아주는 그 전 해 7월에 243억 달러 적자의 재정 악화로 비상상태를 선포한 상태였습니다. 주의 모든 공무원은 한 달 3일간의 furlough를 감수해야 한다고 합니다. 이는 해고를 피하기 위한 고육지책인 것이지요. 캘리포니아의 재정 문제 이야기를 많이 들었습니다만, Tracy의 말을 듣고 나니 실제로 체감을 하게 되었습니다.(실제 캘리포니아 주립대학 계열의 교직원 furlough를 그때 1년 시행하고 난 이후 주립대학 계열의 5억 6천만 달러 적자에서 2억 7천만 달러를 줄일 수 있게 되었다고 합니다.)

몇 해 전이었나요? 2학기 수업 첫 시작에 1년 캘리포니아 연수를 다녀온 학생에게 들었습니다. 자신이 묵었던 홈스테이 집에서는 샤워 시간을 5분으로 한정해 놓고 시간을 어기면 목욕탕 문을 나오라고 막 두드리더라는 이야기요…. 미국의 경기가 생각보다 많이 안 좋은 것을 느끼게 되었습니다.

2020년 봄 Coronavirus 유행으로 인해 한국은 물론 전 세계 기업의 불황으로 고용불안이 증대되었고 기업들은 furlough를 도입하기 시작하였습니다.

One possible way to avoid layoffs is through furloughs–making workers take an unpaid leave of absence[1].
해고를 피할 수 있는 하나의 가능한 방법은 일시 휴가를 부여해서 무급휴가를 갖게 하는 것입니다.

---

[1] leave of absence 휴가

His response is PC
그의 대답은 정치적으로 올바르다 (차별적이지 않다)

PC라는 말은 politically correct(ness)를 가리키는데, 원래의 뜻은 '정치적으로 정당한/올바른'을 의미하며, 간단히 말하면 차별적인 언어사용 및 행동을 피하는 것을 의미합니다. 다른 인종, 종교, 성을 가진 이들을 지칭할 때 차별적이거나 공격적이지 않도록 매우 조심해야 하는 요즘의 정서를 대변하고 있습니다.

예를 들면 한국어에서도 찾아볼 수 있는 것인데 때밀이를 세신사, 저능아를 지적장애인, 청소부를 환경미화원, 탈북자를 새터민, 후진국을 개발도상국, 재래시장을 전통시장으로 지칭하는 예가 있습니다. 영어에서도 fireman을 남과 여로 구분되지 않도록 firefighter로 지칭하는 것이 PC한 것으로 간주됩니다. 유사한 예로 chairman을 chairperson으로, girlfriend/boyfriend를 partner로, stewardess/steward를 flight attendant로, salesman을 salesperson으로 부르는 것을 볼 수 있습니다. 이외에도 housewife를 homemaker로, American Indians를 Native Americans로, old person을 senior citizen으로, Merry Christmas 축하 인사를 Season's Greetings로 대치하는 등등의 예를 볼 수 있습니다.

PC를 한국어로 '정치적으로 올바르다'고 해석을 하면 이해되지 않을 것이기에 맥락을 보고 해석해야 할 것인데요, '차별적이지 않다'고 하면 될 듯 하지만 요즘은 젊은이들이 그대로 'PC 하다'고 이야기하곤 하기에 그렇게 써도 무방합니다.

Some people argue that being too PC can hinder free speech and honest discussions.
사람들은 너무 PC하다는 것이 자유로운 발언과 솔직한 토론을 방해한다고 주장합니다.

The company's new advertising campaign is very PC, aiming to appeal to a broad and diverse audience.
그 회사의 광고문구는 매우 PC한데 이는 폭이 넓고 다양한 계층의 청중에게 호소하기 위함이지요.

이러한 움직임이 일리가 있으면서도 때로는 과도함이 논란을 일으키고 있는데요, 예를 들면 디즈니 만화영화인 **The Little Mermaid** (인어공주)에서 주인공인 인어공주가 어떤 인종인가에 대한 논란이 있습니다. 인어공주인 **Ariel**역은 피부색깔, 인종이나 나라, 종교에 상관없이 어떤 배경일지라도 **Ariel**이 될 수 있다는 PC에 따른 의견과, 원래 인어공주는 덴마크의 민속문학에서 온 것이기에 당연히 백인이어야 한다는 의견이 있어 서로 대립하고 있습니다.

27 Queue
줄 서다

영국에 처음 갔을 때 처음 접하는 영어단어가 몇 개 있었습니다. 그중에서 'queue'가 있었는데요, 어느 박물관에서 티켓을 구하려고 창구로 가려 하는데 입간판이 하나 서 있었습니다. 보니 'Queue'라고 쓰여 있었는데 이것은 무슨 의미인가 처음에 의아해했습니다. 당시 제겐 생소한 단어요, 또 발음은 어떻게 하는지 궁금했습니다.

우리가 쉽게 아는 표현 stand in line이 있지요. '한 줄로 서다'의 뜻입니다. 이를 영국에서는 queue라고 합니다. 발음은 마치 kew 발음하는 것 같이 [kju:] 이렇게 발음합니다. 다음 예문을 보시지요. We had to queue for three hours to get in.(우리는 들어가기 위해 3시간을 줄 서 있었습니다.)

queue는 동사 이외에 명사로도 쓰입니다. 예를 들어,
Are you in the queue for tickets?(티켓 구하기 위해 서 있는 줄인지요?)
If you want tickets you'll have to join the queue.(티켓을 구하려면 당신을 줄 서야 합니다.)

사실 영국에서는 줄 서는 데 있어 절대 서로를 밀거나 참을성 없는 모습을 보이지 않습니다. 줄 서는 것이 취미 같다고 느껴질 정도입니다. 일본에서도 비슷한 느낌이 든 적이 있습니다. 일본 지하철 승하차 시, 줄 서는 질서 의식은 확실히 우리들보다 나은 것 같습니다. 한국과 일본 양국 간에 미묘한 감정은 있으나 우리가 배울 바는 또 배워야 할 것 같습니다.

영국에서는 새치기하는 것을 불명예스럽게 여기는데요, 줄 서기에는 문화적 심리가 많이 작용하고 있는 것을 봅니다. 선진국 문화의 질서 의식에서 오는 인내와 기다림은 줄 서면 그만큼 보상이 따라오고, 결국 나 포함 모두에게 유익이라는 의식이 있습니다. 반면 개

발도상국의 경우엔 줄을 서서 기다림은 손해요 낭비이니, 새치기할 수 있으면 요령껏 해서 앞으로 나가야 한다고 생각하는 것 같습니다.

90년대 말에 제가 영국의 은행 ATM(Automatic Teller's Machine : 현금자동입출금기) 여러 대 앞에서 그들이 한 줄로 서는 그 모습에 깊은 인상을 받은 적이 있습니다. 당시 우리 한국에서는 각 ATM기 앞에 줄을 따로 섰기에 어느 ATM기 앞에 줄 서느냐에 따라 내 앞에 있는 이들이 용무를 빨리 끝낼 수도, 아닐 수도 있으니 서로 은근히 눈치를 보았고요. 참 불합리하게 느꼈습니다. 어떤 이들은 이쪽 줄을 서다가 늦을 것 같으면 중간에 슬쩍 다른 줄로 갈아타 새치기를 했지요.

'queue-jump'가 동사로 '새치기하다'는 의미입니다. 다른 표현으로 'jump the queue'로 할 수 있으며 미국영어로는 'cut in line'이 되겠습니다(17번 에피소드 참고). 예를 들어,

Look! Someone is jumping the queue.
봐. 어떤 이가 새치기하고 있어.

한 가지 재미있는 것은 사람들은 줄을 설 때 앞줄보다 뒷줄에 더 많은 영향을 받는다고 합니다. 홍콩과기대 연구에 따르면 앞줄이 아무리 길다 하더라도 뒤에 남은 사람이 많으면 절대 그 줄을 포기하지 않는다고 합니다. 이는 자기 뒤에 줄 서 있는 이들로 인해 심리적 만족감을 느끼며 줄을 서는 행위를 계속하는 것이지요.

28 Bear right
오른쪽으로 가세요

　호주 수도 Canberra(캔버라)에 학회발표 하러 갔을 때, Sydney(시드니) 공항에 도착한 후, 그곳에서 Canberra까지 차를 렌트하여 가게 되었습니다. 운전석이 오른쪽에 있는 차를 처음 운전하게 되니 어색하여 매우 긴장되었었는데요, 특별히 앞에 아무 차도 없이 홀로 갈 때는 혹시 역방향으로 가는 것이 아닌가 하면서 신경을 무척 쓰며 조심스럽게 운전을 했던 기억이 납니다.

　그런데 한적한 야외 고속도로를 내비게이션(GPS)을 보면서 운전을 하는데 'Bear right'라는 말이 나옵니다. '곰이 오른편에 있다?'고 의아해 달리는 차의 오른편을 순간 둘러보기도 했습니다만 그럴 리가요. GPS가 실시간으로 곰이 나타나는지 어떻게 알려주겠습니까? 그러나 실제로 그렇게 믿은 꼬마의 동영상이 유튜브에 올라 있는 것을 후에 발견하고는 한참 웃었던 적이 있습니다. 그 동영상에 보면 마침 동물원으로 구경 간 가족이 탄 차가 동물원 주차장 인근에서 bear right 라는 GPS 소리가 들렸는데요, 그러자 차 안에 있던 꼬마가 곰이 오른쪽에 있다며 겁에 질려 우는 장면이지요.

자, 그럼 bear right 의미는 무엇일까요? bear right는 도로가 양 갈래로 나뉠 때 '오른쪽으로 가라'고 하는 말입니다. bear right는 fork(갈림길 혹은 분기점)에서 '오른쪽으로 가세요'라는 방향 지시의 의미입니다. 여기서 bear의 의미는 '어느 방향으로 향한다'라는 의미의 동사입니다. 예를 들면,

Bear left where the road divides
도로가 갈라지는 곳에서 왼편으로 가세요.

Go through gate then bear right across field heading for the blue bridge
문을 통과하여 우측 방면으로 들을 건너 파란 다리 쪽으로 가세요.

그럼, 우리가 이미 잘 알고 있는 'turn right'와 'bear right'는 무엇이 다를까요? turn right는 T자 모양의 길에서 바로 90도 정도로 우회전을 해야 하는 경우이지만, bear right는 Y자 모양의 갈림길에서 점점 핸들을 우측으로 조금씩 틀면서 점진적으로 우측으로 접어들라고 하는 의미입니다. 갈림길의 모양에 따라 turn을 쓸지 bear를 쓸지 결정이 되겠네요.

참고로 갈림길은 fork 이외에도 crossroad도 있습니다만 crossroad는 두 도로가 걸쳐 엇갈려 지나가는 교차로를 의미하고요. 또 종종 인생의 중요한 갈림길, 변화의 길목, 선택의 기로 등 은유적으로도 쓰이며 종종 복수 꼴로 쓰이나 단수 취급합니다. 예를 들어,

At age twenty four, life really is at a crossroads.
24세에 인생이 정말 갈림길에 있습니다.

또 crossroad는 '중심 장소'를 의미하기도 합니다. He was born in Mulberry, a town at the crossroads of agriculture in central Florida. 그는 플로리다의 농업 중심지인 Mulberry에서 태어났습니다.

29 Long black
호주의 아메리카노

학회 발표 목적으로 다녀온 호주의 Sydney와 수도인 Canberra에서 있었던 일입니다. 호주에서는 우리와 반대로 운전이 좌측통행이어서 어색했고, 또 하나 불편한 것이 있었습니다. 북미 영어에 익숙한 저로서는 호주영어의 특유한 엑센트나 어휘가 그리 편하지 않은 때가 종종 있었습니다. 제가 처음 호주에 간 것은 그보다 4~5년 전으로 그때 방문했던 도시는 서부의 Perth였는데요. 그 지역의 선생님들과 이야기할 때 호주 특유의 엑센트가 얼마나 생경하였던지 기억이 또렷합니다.

학회를 마치고 시드니 University of New South Wales에서 한국어 보급하는 김 박사님을 만나 커피를 마시러 시내 커피숍에 들어가 아메리카노를 시키는데, 제가 'Americano, please' 하니 점원이 못 알아듣겠다며 난감해합니다. Americano를 다시 천천히 발음했습니다만 여전히 점원이 의아한 표정을 지었습니다.

이때 옆에 계시던 김 박사님이 도와주셨습니다. 호주에서는 Americano를 Long Black이라고 한다네요. 아하! 처음 알았습니다. Long Black은 Americano와 비교해 볼 때 커피가 아니라 뜨거운 물을 먼저 붓는 것이 Americano와 다른 점이라면 다른 점입니다. 참고로 미국에서 Espresso라고 하는 것은 호주에서는 Short Black이라고 합니다. 자기들만의 커피 문화가 있는 호주는 그래서인지 전 세계 체인점인 'Starbucks'가 그리 성공적이지 못하다고 합니다.

호주 특유의 영어를 'Aussie English' 즉 호주영어라고 하는데요. 또 어떤 것들이 있을까요? 대표적인 것이 Hello의 의미로 쓰이는 'G'day'입니다. '게다이' 이렇게 발음이 되는데요, Good day의 축약형입니다. 주로 '친구'라는 뜻의 'mate'와 잘 쓰여서 'G'day mate!'(안녕, 친구!) 이렇게 쓰지요. 호주에서는 말끝에 mate를 잘 씁니다. 이는 모르는 사람에게도 종종 쓰이는 단어이지요. 예를 들어, 'What's wrong mate?'(무슨 일이야 친구), 이런 식으로 자주 쓰이지요.

또 호주에서는 특히 젊은이들 사이에 단어나 말을 축약하는 것을 무척 좋아합니다. 예를 들어 'arvo'는 afternoon의 의미의 호주식 표현인데 잘 쓰입니다. 'See you in the arvo' 하면 '오후에 만납시다'의 의미입니다. 마찬가지로 'university' 대신에 호주에선 'uni'로 자주 쓰입니다.

뿐만 아니라 발음에 있어서도 'a' 발음을 '아'로 종종 발음합니다. 'Monday'를 '몬다이'로 'maintain'을 '마인타인'으로 종종 발음하지요. 위 'G'day'도 마찬가지로 '게다이'로 하는 것이고요.

같은 영어인데도 각 나라의 고유한 언어문화 및 고유 발음이 있다는 것이 재미있습니다. 다음 호주에서 들음직한 대화 한 번 보시지요.

A G'day. What would you like to have?
안녕하세요? 무엇을 드실까요?

B I'd like to have an Americano, please.
아메리카노 한 잔 주세요.

A What? We have a long blank and a short black, sir.
무엇을 말씀하시나요? 우리는 롱 블랙과 숏 블랙이 있습니다.

B Ah… I mean a long black. Please get me a long black. Thank you.
아… 롱 블랙입니다. 롱 블랙 한 잔 주세요. 감사합니다.

30 North America 2026 FIFA World Cup
2026 북중미 월드컵

2026년의 FIFA 월드컵은 2002년의 FIFA 월드컵 (한국·일본 공동 주최)에 이어 24년 만의 역대 두 번째 공동 개최 월드컵이자 최초의 3개국 (캐나다, 멕시코, 미국) 공동 개최 월드컵입니다. 한국에서는 이 대회를 북중미 월드컵이라고 부르는데요, 캐나다와 미국이 북미권 이고 멕시코가 중미라고 할 수 있기에 '북중미', 이렇게 부르는데 있어 문제가 없다고 보입니다만, 영어권에서는 어떻게 부를까요?

영어권에서는 북중미월드컵을 North America World Cup이라고 하는데요, 우리가 볼 때 좀 이상하지 않은가요? North America라고 만 하면 우리가 볼 때 개최국 중 하나인 멕시코가 포함이 안 된 것 같아서 그렇지요.

그 이유는 다음과 같습니다.

UN에서 이야기하는 North America의 개념은 우리가 생각하는 것 과는 조금 다른데요, 바로 영어권에서는 UN의 시각을 따르고 있습 니다. UN에서는 North America를 북미지역과 중미지역 그리고 카 리브해를 포함한 지역을 일컫습니다. 즉, 통상 캐나다와 미국 그 리고 멕시코가 들어가는 지역을 의미합니다. 파나마해협을 기준으 로 North America와 South America로 나누게 되는데, 그때 North America에 중미와 카리브해가 포함됩니다.

반면에 'Northern' America와 'North' America는 지역의 범위가 서로 다른 점이 재미있습니다. Northern America

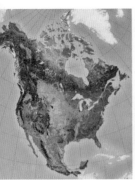

라고 하면 UN이 정한 North America에서 멕시코를 제외한 지역을 의미합니다. 그러니까 우리가 평소 알고 있는 북미 (캐나다와 미국)를 의미하는 것이지요.

North America의 범위 안에 한국에서는 멕시코가 포함이 안 되는 것이나, 영어권에서는 포함이 된다는 것에 유의하시면 되겠습니다. 그러나 Northern America는 우리가 알고 있는 북미 (미국과 캐나다)가 되겠습니다.

몇 가지 더 지역의 명칭 관련하여 알아보면 Asia는 East Asia, Southeast Asia, South Asia, Central Asia, 그리고 West Asia로 나뉘어지는데, East Asia는 통상 한국, 일본과 중국을 의미하며 Southeast Asia는 주로 인도차이나반도의 나라로서 베트남, 태국, 캄보디아, 말레이시아, 인도네시아, 싱가포르 등등을 포함합니다. South Asia는 인도, 파키스탄, 이란, 아프카니스탄 등등으로 구성되어 있고 Central Asia는 카자흐스탄, 우즈베키스탄, 키르키즈스탄, 타지키스탄, 투르크메니스탄 등등이며 West Asia는 사우디아라비아, 튀르키예, 이라크 등 통상 중동(Middle East)이라 불리는 지역을 포함합니다. 참고로 Middle East는 정치적 용어이므로 범위가 유동적인데 반해 West Asia는 지리학적 용어로 조금 더 안정적인 특징이 있습니다.

감칠맛 나는 맥락 영어 ——————— *Part.2*

02

격려 속에 담긴 영어

칭찬과 격려가 담긴 말은 사람의 뼈를 윤택하게 합니다.

모국어뿐만 아니라 외국어를 통해서도 사람들을 칭찬하고 격려하면 금 같은 사람이 됩니다.

제가 경험했던 상황 가운데 칭찬과 격려가 담긴 영어를 묶어 놓았습니다.

Keep it up!
잘하고 있으니 계속 잘해라!

연구년 중에 머물렀던 캘리포니아의 Davis는 자전거 도시입니다. 미국 내 교통수단으로서 자전거 점유율 평균이 2%인데 비해 이곳은 그 열 배인 20%에 달하니, 가히 자전거 천국이라 할 만합니다. University of California, Davis 캠퍼스의 학생은 물론 교수, 직원 그리고 일반 시민들 가운데 많은 이들이 자전거로 통근하는 것은 아주 일상적인 모습입니다.

이 도시에서 제가 있던 시기에 기네스북에 도전하는 행사가 하나 있었습니다. Bike Parade인데요. 한 줄로 이어서 자전거를 타는 행사입니다.

2010년 10월 3일 아침에 있었던 행사이지요. 총 916개 자전거가 일렬로 줄을 이어 자전거를 타게 되어 기네스(Guinness)북에 등재가 되었습니다. 공식 명칭은 Guinness World Record for Longest Single Line of Bicycles(한 줄로 가장 긴 자전거 기네스 세계기록)입니다.

우리 아이들이 이 행사에 참여했었는데요, 저는 사진기를 들고 역사적인 이 행사를 지켜보았습니다. 옆 페이지의 사진에서 보시듯 한 줄로 이어진 자전거의 끝없는 행렬을 보니 장관이었습니다. 각종 다양한 형태의 자전거와 의상을 보았습니다. 누워서 타는 자전거, 손으로 패들을 돌리는 자전거, 그리고 피노키오 복장을 한 사람, 꼭두각시 옷을 입은 사람… 자전거도 복장도 자기들만의 개성을 뽐내는 경연 잔치인 듯 화려하기 그지없었습니다.

자전거를 타는 이들끼리 서로서로 격려하면서 타는데요, 무슨 말들을 하는 것 같아 가만히 들어보니 서로서로 'Keep it up'이라는 말을 합니다. 무슨 말일까요?

원래 keep up은 '유지하다', '계속하다'의 의미입니다. 앞 사람과 간격이 늘어나지 않도록 지금 잘하고 있듯이 계속 열심히 따라붙으라는 의미로 'Keep it up!'이라고 한 것인데요. 'keep doing it!'의 의미이며, 상황에 따라서는 'Keep up the good work!' 이렇게 이야기하기도 합니다. 예를 들어,

Ⓐ Tom, I've lost ten kilograms in that diet.
탐, 다이어트해서 10kg을 뺐습니다.

Ⓑ Wow, really? Keep it up!
와우, 정말요? 계속 열심히 해요!

그런데 이 격려의 말도 칭찬의 분위기로 이야기하지 않고 좀 경고의 톤으로 이야기하는 경우는 뜻이 달라집니다. 즉 '당장 그만둬, 그렇지 않으면 결과에 책임을 져야 할 거야' 이런 의미가 됩니다. 우리 한국어에도 엄마가 아이에게 '흠… 더 그런 짓 해 봐… 어서 계속 해봐' 할 때, 일견 격려하는 것 같지만 나지막이 깔린 엄마의 목소리 속에 잠재된 의도는 계속하면 하던 짓 못 하게 하겠다는 것과 마찬가지이네요.

예를 들어, Alice, if you keep whining I won't take you – do you understand? Keep it up!(앨리스, 만약 계속해서 찡얼대면 안 데리고 갈거야 – 알겠니? 계속해 봐!) 맨 마지막 'keep it up!'의 엄마의 말이 격려의 말이 아니라 여기선 오히려 위협이 됩니다. 계속 찡얼거리다간 뒤따르는 결과가 심각할 수 있으니 아이의 행동이 바뀌도록 압박하는 말이네요.

Good eye!
선구안 좋다!

미국에서 아이들을 위한 스포츠 활동은 매우 다양하고 광범위합니다. 개인경기도 있지만 팀워크를 중요시하는 미국인들은 팀플레이의 스포츠를 어린아이들에게 강조합니다. 그리하여 야구, 축구, 농구, 미식축구, 라크로스 등 다양한 종목의 팀 스포츠가 방과 후에 활발하게 진행됩니다. 한국에서는 학교 갔다가 오면 학원 가는데, 이곳에선 운동하는 시간입니다. 여학생들조차 축구클럽에 속해 그라운드에서 열심히 뛰는 것을 자주 볼 수 있고 또 유치원 나이 정도밖에 안 되는 아이들이 팀을 이루어 매주 야구, 축구 리그 경기를 하는 것을 보면 미국 아이들은 남학생이나 여학생이나, 어린아이나 청소년이나 할 것 없이 정말 스포츠를 즐기는 것을 느낍니다. 또한 시설이나 자원봉사 등 사회 전반적인 시스템이 잘 받쳐 줌이 매우 부러웠습니다.

저희 둘째 아이는 4학년 첫 학기에 야구, 둘째 학기에 축구를 했습니다. 주중 방과 후에 한 차례 모여 연습을 하고 주말에 리그 경기를 한 학기 내내 했습니다. 아이들은 경기에 뛰고 부모들은 자원봉사로 함께 어우러져 시간을 보냅니다. 감독과 코치는 아빠들이 자원봉사로 역할을 하고, 경기할 때 심판들도 아빠들이 자원봉사로 합니다. 또 엄마들은 아이스크림 준비 등 간식을 챙기기도 합니다.

그중 야구 경기는 멘털이 중요하다고 하는 경기인데요. 심리적 안정감이 중요하다는 이야기이지요. 그렇기에 코치는 물론 경기를 관람하는 부모들도 시합을 보면서 많은 칭찬과 격려를 하는 모습을 봅니다. 그중에 지금도 기억에 남는 것은요. 'Good eye'라는 표현입니다. 투수가 던진 공이 스트라이크가 아닌 볼인데, 타자가 방망이를 휘두르지 않고 침착하게 지켜보면 이런 격려의 표현이 응원 온 학부모들 여기저기서 나옵니다. '선구안이 좋다!' 칭찬이지요. 같은 팀의 부모뿐 아니라 상대방 팀의 부모들도 격려하는 분위기임을 볼 수 있습니다.

'Good eye' 이외에도, 선수가 플레이를 창의적으로 잘했다면 'That's an idea.'하고 격려해 주는 장면도 많이 기억에 남습니다. 원래 의미는 '그것 고려해 볼 만한 것이네요. 그것 마음에 듭니다.'의 의미인데요, 통상 'Well-done.', 'Bravo.', 'Good job.' 등등의 의미로 자주 쓰입니다. 물론 어린아이들을 격려하기 위함이니 그리 창의적이지 않아도 열심히 하는 선수들에게 사기 진작 차원에서 곧잘 표현하지요.

또, 어떤 때는 'Now you're ready!' 이렇게 외치는 부모도 보았습니다. 이것은 타자가 스트라이크인 첫 공을 휘두르지 않고 지켜만 보았다면 '공을 지켜보며 마음을 다스리며 전략을 세웠으니, 자 이제 스윙할 준비가 되었구나'라는 의미로 부모가 외치는 것이지요. 또 타자가 별로 적극적이지 않은 채 방망이를 소극적으로 대충 휘두르고 있다면 이렇게 이야기 나옵니다. 'Swing like you mean it.'(네가 의도하는 대로 (강하게) 쳐라.)의 뜻이지요.

팀 스포츠에서 구성원 한 명 한 명이 자신의 역할을 잘해 주어야 팀 전체가 잘할 수 있게 됨을 아이들이 배우고 있었습니다. 경기의 결과가 중요하기보다, 격려하고 칭찬하면서 즐겁게 운동을 함이 인상적이었습니다. 또 부모들도 함께 자원봉사로 참여하며 해나감도 매우 바람직하게 보았습니다.

33 Now you're talking
이제 이야기가 통하네, 바로 그거야

미국에서 만난 Ken 할아버지는 아이들 골프를 도와주는 코치 할아버지였습니다. 사실 미국에 와 있는 동안에 골프를 하리라고는 예상하지 않았었습니다. 저도 하지 않는 운동인 데다가 우리 집에 골프채도 없고, 그저 골프는 비싼 운동이라고 생각했지요.

그런데 아이가 속한 야구팀에 있는 Alex를 알게 되었는데요. 경기 때마다 그 아이 아빠는 열심히 응원을 왔었습니다. 그러다 보니 인사를 하게 되었고 서로 이런저런 정보를 주고받다 보니 Alex가 골프 배우는 것을 알았습니다.

그러면서 자신의 아이들이 레슨을 저렴하게 받고 있는데 저희보고도 한번 해보지 않겠느냐고 하는 겁니다. 가격이 얼마인가 물으니 원래 일 인당 1시간에 20불인데 골프를 지도하시는 코치 할아버지가 감사하게도 종종 2시간 동안 가르친다고 하네요.

그렇다면 2시간에 20불… 즉 1시간에 10불이니 11,000원 정도입니다. 한국에서는 꿈도 못 꿀 정도로 저렴하고 그런 데다 특별히 골프를 즐기면서 배우도록 하는 Ken 할아버지의 방식이 맘에 들어 몇 달간 배우게 한 적이 있습니다. 할아버지는 첫 한 시간은 레인지에서 치고 나머지 한 시간은 아이들을 카트에 태워 녹색 필드로 데리고 나갔습니다.

아이 말에 따르면, 스윙 자세를 가르쳐 주던 Ken 할아버지 말씀을 잘 이해 못 했다가 어느 순간 자세를 잘 따라 하게 되면 "Now you're talking." 이렇게 말씀하시곤 했답니다. 우리말로는 '이제 이야기가 통하네', '바로 그거야'로서 다른 사람의 말이나 행동이 맘에 들 때 쓰는 말입니다.

점심 메뉴를 고르느라 직장 동료들끼리 이런저런 이야기 속에 마땅한 메뉴를 못 찾던 중에 어느 직원이 '오늘 비도 오고 하니 그럼 파전에 칼국수로 할까요?' 했을 때 과장님이 '바로 그거야!' 합니다. 그때 할 수 있는 표현이 Now you're talking입니다.

예를 들어 'Hey, you don't want hamburgers. Well, how about steak then?'(햄버거를 원하지는 않는 거지. 흠, 그럼 스테이크는 어때?)라고 물어보았을 때 상대방이 'Yeah, now you're talking.'(맞아. 바로 그거야.)라고 말할 수 있습니다. 한 가지 주의할 것은 사회적 지위가 낮은 사람이 높은 사람에게 이 말을 하면 무례해 보일 수 있습니다. 예를 들어 학생이 교수에게 이 말을 사용하면 '교수님, 그동안 말이 안 통해 답답했는데 이제야 말이 통하네요.'의 어감이므로 불손하게 보입니다.

'Now you're talking.'과 비슷한 말로 'There you go!', 'Way to go!'가 있습니다. 'Way to go!'는 'That's the way to go.'의 줄임말로 '잘했어, 바로 그거야!'라는 의미로서 누군가에게 잘했다고 칭찬하거나 격려할 때 씁니다. 한가지 기억할 것은 이 말을 할 때는 통상 하이톤으로 신나게 이야기해야 뜻이 더 잘살게 됩니다. 'You scored the last goal! Way to go, Jason!'(마지막 골을 넣었군! 잘했어, 제이슨!)

'Now you're talking.'과 'There you go!' 그리고 'Way to go!' 모두 상대방의 아이디어나 행동을 좋다고 인정해주고 동의해줄 때 나오는 표현들입니다. 격려받아 기분 나빠하는 이 아무도 없습니다. 상대방의 제안이나 행동에 대하여 긍정적으로 격려하며 반응을 보이는 것은 중요한 지혜입니다.

34 Let's give a big round of applause for~

~에게 큰 박수를 보내주세요

일 년에 한두 차례 국제학회에 참가하다 보니 청중 앞에서 사회를 보는 경우가 종종 있습니다. 학회에서의 사회라고 하면 발표자를 소개해 주는 일이 대부분입니다. 간단한 것 같아도 막상 해보면 당황하기 쉬운데요, 몇 차례 연습도 해 보면서 감을 익히는 것이 필요합니다. 한번 해보면 다음에 할 때는 훨씬 부드럽게 할 수 있습니다.

발표자를 소개할 때 통상 먼저 발표자의 간단한 소개를 하면서 institution(소속기관)과 title(발표 제목)을 이야기하고 마지막으로 청중에게 welcome(환영)해달라고 하는 것이 의례적인 순서입니다. 만약 발표자와 개인적 친분이 있다고 한다면 그런 것을 이야기해주는 것이 필요합니다. 발표장 분위기를 부드럽게 만들어 주기 때문이지요. 예를 들어 자신과 동문수학 했다든지, 그때 총명한 학생이었다든지, 혹은 이분이 어떤 책을 썼는데 자신이 읽어보니 좋았다든지 등등이지요. 그리고 마지막으로 박수를 유도하면서 환영의 분위기를 만들어 주는 일이 사회자의 사명인데요, 박수를 유도하는 방법은 다음의 여러 가지 패턴이 있습니다.

'Let's give a big round of applause for Dr. Smith.' 이 문장이 아마도 박수를 유도하는 가장 대표적인 표현일 것 같습니다. a round of applause하면 박수소리가 휙 돌아감기는 장내의 모습이 연상이 되지요. 이 외에도 'Let's give it up for Dr. Smith.' 여기서 it은 applause가 되겠네요. 또 'Please put your hands together for Dr. Smith.' 표현도 가능하고요. 혹은 'Let's give a warm welcome to Dr. Smith.', 'Please welcome Dr. Smith with a warm round of applause.' 이 표현은 'warm'을 삽입하여 따뜻한 느낌을 주어 분위기가 더 좋아 보입니다. 또 'Please join me in welcoming Dr. Smith.' 이렇게도 쓸 수 있겠습니다. 초청 강사의 말이 끝났을 때는 이렇게 말하면서 박수를 유도할 수 있습니다. 'His speech was inspiring and let's show our thanks to Dr. Smith.'

사회자는 청중에게 소개해 주는 발표자에 대하여 기대와 호기심을 갖도록 해야 함은 기본인데요. 이와 동시에 발표자가 긴장하지 않도록 해주는 것도 사회자의 역할이기도 한 것 같습니다. 어느 학회에 갔더니 이렇게 호기심을 불러일으키는 것을 보았습니다. Our next guest speaker is someone I know you've all been waiting for.(다음 발표자는 여러분 모두 기다리시던 분이지요) 이렇게 이야기하니 내가 '오, 이제 그 유명한 분 차례이군!' 하고 새로이 기대하게 됨을 느꼈습니다. 아주 유명한 연사일 때는 이런 표현으로 소개를 시작하는 것도 보았습니다. We don't have to introduce Dr. Smith since he is very much well-known to all of us.(스미스 박사님은 참으로 저희 모두에게 잘 알려진 분이시기에 소개하지 않아도 될 것 같습니다)

사회자는 발표 시간 훨씬 이전에 와서 발표자와 간단하게 이야기를 해보고, 또 발표자의 이름을 어떻게 발음하는지 물어보기도 하는 등 발표자의 긴장을 낮추면서 분위기를 침착하게 이끌 의무가 있습니다. 어떤 외국 이름은 철자만 가지고는 발음이 정확히 어찌 되는지 감을 잡을 수 없는 경우가 종종 있거든요. 이런 때는 'How do you want me to pronounce your name?'(제가 당신의 성함을 어떻게 발음하면 되는지요?) 이런 식의 질문을 통해 자연스럽게 알아가며 또 긴장을 늦추도록 할 수 있지요. 제가 외국에서 발표할 때, 사회자가 미리 제게 다가와 그 나라엔 처음 왔는지, 느낌이 어떤지, 또 제 이름을 어떻게 발음하는지 물어본 경우가 있었는데요, 발표자의 긴장감을 낮추는 데 도움이 됨은 분명합니다.

35 **No matter the test, we go together**
어떤 시험이 있더라도 상관없이 우리는 함께 갑시다

948호 2012년 4월 4일 수요일　THE HANKUK UNIVERSITY OF FOREIGN STUDIES WEEKLY　www.oedaehagbo.com

한국외국어대학교
HANKUK UNIVERSITY OF FOREIGN STUDIES

2012년 3월로 기억됩니다. 당시 미 대통령이었던 오바마가 제가 근무하는 한국외국어대에 강연하러 왔습니다. 그때까지 미 대통령으로서 한국의 대학에 방문한 경우는 전혀 없었는데, 한국외국어대가 첫 대학이 되었네요.

사실 한국외국어대에는 각 나라 대사들이 수시로 드나들고 있고 또 외국의 대통령이나 총리급 수반들도 내교한 적은 많았지만 미국 대통령은 처음이었습니다. 학교 측에선 경호와 의전 등 미 대사관과 협의하며 하나하나 준비해나갔습니다. 다른 나라 수반들이 내교할 때와는 차원이 다른 급의 경호와 의전으로서 처음 경험해보는 것들이었는데요, 그날 학교는 휴교까지 했지요. 사실 오바마 대통령이 내교한 후 일주일 지나 폴란드 대통령이 우리 학교에 다녀갔지만, 그때는 정상 수업을 했고요. 학교는 조용하여 일국의 대통령이 다녀갔는지도 잘 몰랐습니다.

교직원들도 학생들도 모두 설레는 마음으로 당일을 맞이하였습니다. 저도 초대장과 비표를 지니고 검색대를 통과하여 앞에서 여섯 번째 줄에 앉았습니다. 그리고 그를 바로 앞에서 보았습니다. TV에서나 보던 그 모습 그대로 오바마 대통령의 만면에 웃음을 띤 그 모습을요.

 핵 안보 정상회의 차 한국에 왔다가 한국의 대학생들에게 행한 '국제 사회에서 한국의 역할'이라는 주제의 연설이어서 다소 내용은 딱딱할 수 있었지만, 오바마는 시종 청중의 눈높이에 맞추며 설득력 있는 연설 실력을 유감없이 발휘했습니다. 맨 처음부터 청중을 편하게 하는 멘트들, 예를 들어 '연단에 올라오기 직전에 총장님과 이야기 나누다가 저를 명예 동문으로 임명해 주셨는데 감사하다', '한국외대가 세계적으로 외국어교육에 가장 탁월한 학교 중 하나다' 등등의 멘트로 청중의 박수를 유도하였습니다. 또 한국의 우수성에 대해 칭찬하고 한국의 SNS를 언급하던 중 '미투데이'와 '카카오톡'을 언급하기도 하여 청중이 함성과 웃음을 터뜨렸지요.

 연설의 마지막 즈음에 오바마는 이렇게 이야기합니다. "No matter the test, no matter the trial, we stand together. We work together. We go together."

 통상 no matter는 바로 뒤에 의문사가 오고 난 다음에 형용사 그리고 주어 및 동사가 오는 것이 흔히 보는 형태입니다. 의미는 '아무리 ~하든지 간에 상관없이, 아무리 ~하더라도'입니다. 즉 'no matter+의문사+형+주+동' 형태입니다. 예를 들어 No matter how nice she was, she sometimes lost her temper. 이 문장은 '그녀가 아무리 nice하더라도 상관없이 때로는 화를 냈다.'는 의미입니다.

 그런데 no matter 뒤의 형태를 종종 간결하게 하여 명사 하나만 나오게 하는 경우가 있습니다. 'No matter the test'는 '무슨 시험이 있더라도 상관없이'의 의미이지요. 'No matter the trial'은 '무슨 시련이 있더라도 상관없이'입니다. 방탄소년단의 UN 연설에서도 이런 형태의 표현이 나옵니다. 'No matter your skin color, your gender identity, just speak yourself.'(당신의 피부색이 무엇이든, 당신의 성 정체성이 무엇이든 간에 상관없이 자신의 이야기를 해주세요.) 그리하여 위 오바마 대통령의 연설 의미는 '무슨 시험이 있더라도, 무슨 시련이 있더라도, 우리는 함께 서고, 함께 일하며, 같이 갈 것입니다.'입니다. 한미연합의 정신을 이야기하는 것인데요. 바로 이런 뜻이네요. No matter your situation, you are not alone.(무슨 상황에서든 당신은 혼자가 아닙니다.)

36 It's no mean feat
대단한 위업인데요

마라톤(Marathon)을 아이와 함께 뛴 적이 있습니다. 당시 아이는 중3으로 막 올라간 때였고 저도 50살이 넘어 이제 마라톤을 처음 뛰는 것이었는데요. 그것도 full course, 42.195km를 아이와 함께 LA에서 뛰게 되었습니다.

LA Dodger Stadium에서 시작한 마라톤은 Echo Park Lake을 지나서 TV 나 영화에서 자주 보던 Sunset Blvd.(Boulevard)와 Hollywood Blvd.를 밟으며 달렸고 그 유명한 Walk of Fame을 우측으로 보고 지나갔고 세계적인 명품매장들이 즐비한 Rodeo Drive를 거쳐 Santa Monica 해변까지 달리는 코스였습니다. 힘들었지만 첫 출전에 완주를 했고 기록증도 받았습니다. 아이는 5시간 16분, 저는 6시간 6분에 Finish line을 통과했습니다. 기록보다는 완주했다는 그 자체가 기쁨이 참 컸습니다.

아이와 제가 마라톤을 뛴 후에 묵었던 호텔의 로비에서 객실로 가는 엘리베이터를 탔는데요, 아이의 유니폼의 백넘버를 본 어느 미국인이 이야기합니다. 'It's no mean feat.'하며 놀라워했습니다. 무슨 말일까요?

mean하면 형용사로서 '평균의, 보통의, 중간의'의 뜻이 있습니다. 그러므로 'no mean'하면 high quality(고급의, 높은 수준의)의 의미가 있습니다. 'no mean feat'하면 칭찬받을 만한 위대한 업적을 의미합니다. 하기 어려운 일을 완수한 것을 칭찬할 때 쓰이는 말입니다. 저도 제 인생 마라톤 첫 시도에 풀코스 완주한 것과 또 아이와 함께 완주하였다는 것에 뿌듯함이 있었는데요. 정말 'no mean feat'이라는 생각이 들었습니다.

no mean 뒤에 achievement를 써도 되고 다른 명사가 올 수 있습니다. 예를 들어 'Getting the job finished so quickly was no mean achievement.'(그 일을 속히 마친 것은 대단한 성과입니

다.), 'His mother was a painter, and he's no mean artist himself.'(그의 엄마는 화가이신데요, 그 자신도 높은 수준의 예술가이지요.), no mean이 high quality임을 안다면 의미 파악이 쉽습니다.

사실 mean은 또 잘 쓰이는 형용사의 의미로서 '야비한' 혹은 '치사한'의 의미가 있습니다. 'You're so mean' 하면 '넌 비열해'라는 의미인데요. 통상 친구 간이나 형제나 자매간에도 서로 살짝 틀어지면 이런 말을 쓰는 것을 종종 볼 수 있습니다.

언젠가 아이가 교실에서 있었던 사건을 이야기해준 적이 있습니다. 교실에서 그룹 웍을 하는 중이었답니다. lined paper(줄이 그어져 있는 종이)를 선생님이 나누어 주는데 그룹의 한 아이가 선생님께 가더니 자기 것만 가지고 왔는데, 그 아이에 대해 같은 그룹의 아이들이 일제히 'You're so mean.' 이렇게 하더랍니다. 이왕 앞에 나가서 가져올 것이라면 자기들 것도 함께 가지고 왔어야 했는데 달랑 자기 것만 가지고 온 친구의 이기적 태도에 야속함을 드러낸 것이지요. 'You're so mean'은 결국 'Don't be so mean'(그렇게 비열하게 굴지 마라)을 암시하는 말이지요.

감칠맛 나는 맥락 영어 ——————— *Part.3*

03

대화가 촉진되는 영어

외국어를 통해 상호작용(interaction)할 때는 쉬운 인사법부터 유심히 살펴볼 필요가 있습니다.

때로는 상호작용을 촉진하며 지속하는 전략에 대한 학습도 필요합니다.

제가 경험했던 상황 가운데 대화 촉진 및 유지에 밀접한 영어를 묶어 놓았습니다.

How are you doing? vs How are you?
안녕하세요?

논산 훈련소에서 기본교육 6주, 그리고 평택에 있는 Camp Humphrey에서 카투사 교육 2주를 마치고 1983년 4월에 첫 배치된 곳은 Camp Kyle이었습니다. 배치 다음 날 아침, 행정반에 서류 작성하러 갔을 때였습니다.

행정반에서 만난 미군 행정장교는 신참인 제게 먼저 경쾌한 목소리로 'How are you doing?'으로 반갑게 인사를 했습니다. Camp Kyle은 중대 단위의 아담한 캠프였기에 신병인 제가 온 것에 대해 그 장교는 알고 있었고 이제 얼굴을 처음 마주한 그때 제게 인사를 해 준 것입니다.

그러나 지금 생각하면 참 놀랍게도 'How are you doing?', 이 인사법은 당시 처음 듣는 것이었습니다. 'How are you?'를 주로 학교에서 배우고 연습했었는데요, 'How are you doing? 이것이 뭐지?' 하는 생각을 순간 했습니다.

당황한 가운데 빨리 답을 해야 했던 저는 이것이 기본적으로 How are you?와 동일한 의미가 아닐까 하는 추측을 하였고, 그렇다면 어떻게 답을 해야 하는지를 생각했는데요. 긴장된 나머지 한국어 상황으로 대입을 하게 되었습니다. 한국어로 아침에 '안녕하세요?' 하면 '안녕하세요?'로 그대로 대답하는 것을 생각한 저는 그 미군 장교에게 질문과 동일하게 How are you doing?으로 답을 하였습니다. 순간 그 미군 장교는 당황한 듯 보였고, 그 이후 제게 말을 걸지 않더군요. 아마 제가 문제가 있는 사람으로 보인 것 같습니다, 하하.

제가 답을 어떻게 했어야 했지요? 네, 'Good.', 'Great.', 'Fine' 등등으로 했어야 했지요. 후에 제가 어떻게 그런 쉬운 질문에 그렇게 대답할 수 있나 하는 자책을 했습니다. 당시 80년대 초만 하더라도 영어 회화에 대한 인식은 무척 낮았고, 중학교 1학년 때 비로소 A. B. C 알파벳 공부로 영어학습을 처음 시작하던 세대이며 중고 시절 내내 문법 중심의 영어 공부만 했으니 이 쉬운 것도 실제 상황에 즉각 대응하기 어려웠던 것 같습니다.

70년대 학교에서 배운 인사법은 'How are you?'였습니다. 그러나 실전에서 맞부딪친 인사는 'How are you doing?'이었습니다. 둘 다 모두 의미는 동일합니다. 나중에 보니 'How are you?'보다 실제 'How are you doing?'을 자주 쓰는 것을 알았습니다. 'How are you?'는 군 생활 3년 내내 거의 듣지 못한 것 같습니다.

카투사 생활을 하면서 보니 일반적인 인사로 'How are you doing?' 이외에 친근한 사이끼리 주로 'What's up?'을 사용하였습니다(38번 에피소드 참고). 가볍게 손을 들고 지나가면서 Hi!하는 것도 있고요. 또 나중에 연구년으로 미국대학에 있을 때는 학교 구성원들끼리 'How is your day?' 혹은 'How is it going?'하는 것을 종종 들을 수 있었습니다. 영국에 가서 맞닥뜨린 인사는 'You all right?'(41번 에피소드 참고)이었고, 호주에서는 정말 알아듣기 참 어려웠던 'G'day mate'(29번 에피소드 참고)였습니다. 이렇게 영어를 문화마다 상황마다 조금씩 다르게 인사를 하는 것을 알 수 있습니다.

What's up?
요즘 잘 지내요?

제가 'What's up?'이라는 말을 처음 들은 것이 카투사로 근무했을 때 미군 동료 병사들로부터였습니다. 당시 학교에서는 배우지 못했던 내용이었습니다. 의미는 'Hello' 혹은 'Hi'와 같은 것으로 주로 젊은이들이 편하게 사용하는 인사입니다. 'Whats up?'은 유학 생활 중 보니 젊은 대학생들이 늘 달고 사는 말이었습니다. 또 초등학생들도 사용하고 있음을 제가 보았으니 미국에서 정말 광범위하게 친구들 사이에 편하게 사용하는 말임을 알 수 있습니다.

'Hi'나 'Hello'와는 달리 'What's up?'은 의문문이기에 그 질문에 대한 답변이 있게 되겠는데요. 'What's up?'의 본래 의미는 '뭐 새로운 일 있어?'의 의미이기에 답은 통상 'Not much', 혹은 'Nothing'으로 하며 '그저 그래' 혹은 '특별한 일 없어'의 의미가 됩니다.

그러나 실제 사용 시에는 서로 옆으로 지나가면서 툭 던지고 가는 경우가 많아 사실 답변이 없어도, 혹은 나의 답변을 그 친구가 제대로 못 들어도 서로 개의치 않는 인사입니다. 답을 하려는 순간 질문한 그 친구는 저기 벌써 지나쳐 가 버리기도 하지요. 그만큼 답을 듣지 않아도 문제없다는 이야기입니다.

'What's up?'의 인사에 대해 어떤 경우는 장난스럽게 받는 경우가 있습니다. 즉, 'What's up?'을 문자 그대로의 의미를 살려서 '위에 뭐가 있나?'의 의미로 받고, 답을 'Sky', 'Ceiling', 즉 '하늘', '천장' 등등으로 재미있게 하는 경우가 있습니다.

아래는 'What's up?'에 대해 어떻게 반응하는지 서로 다른 네 가지 예를 볼 수 있습니다.

예 1 단순한 인사로 그저 의례적인 질문

Ⓐ What's up?　　　Ⓑ Nothing.

이런 경우가 가장 흔한 경우입니다.

예 2 예 1보다 더 의례적인 인사로 휙 지나가며 가는 경우

Ⓐ What's up?　　　Ⓑ er....

복도에서 급히 다가오는 A의 질문에 B가 답을 하려고 하는데 이미 그가 지나쳐서 멀리 가 있어 B도 제대로 답을 못하며 지나갑니다. 사실 이런 경우는 A도 B의 답을 기대하지 않는 경우가 많습니다.

예 3 상대방이 무슨 문제가 있는지 진지하게 물어볼 때

Ⓐ Hey, what's up?

　　화가 나 있는 듯한 표정을 하는 B에게 무슨 일인지 물어보는 경우. 이때 의미는 '무슨 일 있어?'가 됨

Ⓑ I am so angry. Mike told them about my weight. It should be a secret.

　　화났어. 마이크가 그들에게 내 체중을 이야기해 버렸어. 비밀인데 말이야

예 4 글자 그대로의 의미를 가진 질문으로 농담인 경우

Ⓐ What's up?　　Ⓑ The sky.

What's up의 의미를 글자 뜻 그대로 '위에 뭐가 있나?'로 해석하여 이렇게 B처럼 농담으로 받는 경우가 있습니다.

39 You know what?
있잖아요

　사람과 사람 사이에 의사소통을 할 때 서로 무수한 신호를 주고받게 됩니다. 한 사람이 맨 처음 말하기 시작할 때는 물론 끝을 낼 때도 직전에 신호를 보냅니다. 돌발적으로 갑자기 말을 시작하거나 끝내는 경우는 특별한 예를 제외하고 거의 없습니다. 예를 들어 '이제 내가 말을 할 테니 잘 들어~' 하는 신호를 보내고 난 다음에 말하는 것이 일반적입니다. 그래야 상대방이 들을 준비를 하고 잘 들어주기 때문입니다.

　또 이야기가 주거니 받거니 진행되다가, 어느 한 편이 의도적으로 상대방의 이야기 순서로 넘어가지 못하게 하기 위해 신호를 계속 주면서 조금 길게 이야기하는 경우가 있고, 또 때가 되면 대화의 마무리 말을 할 때도 신호가 있습니다. 어떤 경우이든지 모두 적절한 신호를 주며 상대방의 암묵적인 동의를 구하기도 하며 대화를 진행하게 됩니다.

　'You know what?'은 제가 카투사로 있을 때 처음 접했던 말입니다. 학교에서 영어를 배울 때는 전혀 들어보지 못한 말이었지요. 처음 들을 땐 이게 무엇을 묻는 의문형인가 했습니다만, 곧 대화 시작할 때 쓰는 일종의 신호인 것을 알게 되었습니다.

　'You know what?' 이 말은 대화를 시작하면서 내용을 말하기 이전에 듣는 이들의 이목을 자신에게 집중시키고자 할 때 사용하는 말입니다. 이 말을 하면 주변의 사람들이 '저 사람이 어떤 말을 하려고 하는가.'하며 주목하게 될 것입니다. 'You know what?' 이를 해석하자면 '이것 알아요?'의 의미입니다. 한국어에서 보면 '있잖아요.'하고 말을 시작하면서 상대방의 주의를 끄는 경우가 있는데 바로 그것과 유사합니다. 'You know what?'하면 아마도 상대방 친구들이 'what?'하고 물으면서 귀를 쫑긋할 겁니다.

　'You know what?' 이외에도 어떤 것들이 있을지요?. 'well', 'er' 등등의 하고 말을 시작한다든지, 눈짓한다든지, 손으로 제스처를 보인다든지 등등 상대방에게 내가 말을 시작하고자 한다는 신호를 보낼 수 있고요. 그러면 상대방도 비로소 들을 준비를 하게 되지요.

시험 시간에 부정행위를 하는 학생들을 잘 잡아내던 중학교 때 어떤 선생님의 말씀, '부정행위는 그저 일어나지 않습니다. 사전행동이 반드시 있지요. 고개를 들어 선생님의 현재 위치를 파악하는 경우가 그것에 해당합니다. 나와 눈이 마주쳤다는 것은 불순한 마음을 품었다는 표시일 가능성이 큽니다.' 부정행위조차도 사전 신호가 있다면요, 인간 간의 교류에서 신호는 늘 일어나는 일이겠지요.

언급된 것처럼 제대로 된 대화라면 어떤 발언을 아무 신호 없이 그저 시작하는 예는 없습니다. 어떤 신호라도 사전에 보내게 되어 있습니다. 다음 대화에서 A가 말을 어떻게 시작하는지 보시지요.

A You know what?

있잖아.

B What?

뭐?

A Er… the music teacher will get married soon.

어… 음악 선생님이 곧 결혼하신대

B Really? Wow… It's a great news.

정말? 와… 큰 뉴스인걸.

Psst!

어이, 여기 보세요! – 나지막한 소리로 주의를 끌 때

　미국에서 초등학교 4학년으로 학교 공부를 시작한 지 얼마 안 된 둘째 아이가 제게 해주었던 이야기입니다. 수업 시간에 자기 뒤에 앉아 있는 반 친구 Shaun이 바로 앞에 앉은 자기에게 'psst~' 이렇게 휘파람 비슷한 소리를 냈답니다. 그러면서 이렇게 이야기했다네요. 'Psst! I want to show you something.' 사실 저도 'psst'이 생소하였기에 그게 뭐냐고 물었습니다.

　아이가 설명해줍니다. 바로 조용한 수업 시간, 다른 사람에게 방해 안 되게 하면서 바로 옆 사람의 이목을 끌 때 나지막이 부를 때 내는 소리라고 하네요. 아들에게 한 수 배웠습니다.

　사전을 얼른 찾아보았습니다. 얼추 스펠링을 유추해가면서 말이지요. 찾아보니 있습니다. 우리가 다른 사람의 시선을 끌고자 할 때 '여보세요', '저기요' 등등 이런 말을 쓰지요? 바로 그에 해당하는 말인데요, 조용한 환경에서 멀

리 있는 사람이 아니라 다른 사람들이 눈치채지 못하게 바로 옆에 있는 사람의 시선을 끌고자 할 때 격식 없이 일상생활에서 자주 쓰이는군요. 도서관이나 회의장 등등에서 조용히 속삭이듯 아주 나지막한 소리로 '어이', '잠깐', '여기요' 하는 것과 같습니다.

학교에서 미국인 동료 교수에게 더 물어보았습니다. 보니 아주 잘 쓰이는 감탄사이더군요. 아이들이고 어른이고 나이에 상관없이 잘 쓰인답니다. 은밀하게 옆 사람을 부를 때 쓰이네요.

친구와 조용한 도서관에서 책을 보다가 갑자기 이후에 있는 약속 시간에 늦는 것이 아닌가 걱정이 되어 책에 몰두하고 있는 옆 친구에게 주의를 끌며 시간을 조용히 물어볼 때 이렇게 속삭이면 되겠네요. 'Psst! What time is it?'

'psst' 발음은 [pst] 바로 이렇게 됩니다. 모두 무성음, 즉 목젖이 떨리지 아니하는 발음으로만 되어있어서 속삭이는 바람 소리 같이 느껴집니다.

'지상에서 영원으로(From here to eternity)'라는 유명한 고전 전쟁 영화를 보니 거기서 초반부에 프랭크 시내트라가 부대 신병으로 갓 전입한 몽고메리 클리프트에게 슬쩍 'psst' 하는 것을 들을 수 있습니다. 앞에 있는 상관이 듣지 못하게 프랭크 시내트라가 슬쩍 건네는 이 신호에 몽고메리 클리프트가 힐끗 뒤를 돌아보는 장면이 나옵니다.

친구와 도서관에 가서 책을 빌리려고 대출 창구에 가서 줄 서 있는데, 보니 자기를 평소 못살게 구는 친구가 바로 자기 앞에 서 있음을 보았어요. 별로 같은 공간 안에 있고 싶은 친구가 아닙니다. 함께 간 친구한테 이렇게 조용히 이야기하면 되겠네요.

Psst! let's get out of here. 어이! 여기를 빠져나가자.

41 You all right?
안녕하세요?

처음 영국에 갔을 때였습니다. 런던 Heathrow(히드로) 공항에 도착하여 바로 버스를 타고 늦은 밤에 학회 장소인 리버풀에 도착하였습니다.

밤 11시가 넘은 시간인데 생각보다 조그만 터미널은 한산했고 주변은 어두웠습니다. 처음 가는 도시인 데다가 늦은 시각이었고 또 홀로 있는 상황에서 저는 다소 초조한 마음으로 택시를 찾았습니다. 겨우 발견한 택시, 영화로만 보던 일명 Black cab이라는 클래식하게 생겼으면서도 귀여운 까만 택시였습니다. 보통 London의 명물로 이 택시가 빨간 이층버스와 함께 거론됩니다만, 리버풀에도 있었음을 보아 영국 전역에 동일한 택시가 있는 듯합니다.

안도하며 택시를 올라타는데 기사가 'You all right?'이라며 툭 던지듯 말하여 순간 당황했습니다. 그것도 England 북서부 지방 특유의 엑센트로 들으니 너무 생경하다는 느낌이 들었습니다. 런던 히드로 공항에서는 의식하지 못했던 것이었는데 6시간 버스를 타고 지방에 오니 발음이 이상했던 거지요. 그동안 북미 영어만 접하다가 영국에서 처음 겪는 제대로의 지방 사투리 영국영어였던 것이었습니다.

통상 북미에서 'All right?' 혹은 'Are you all right?'의 의미는 얼굴이 안 좋은데, 혹은 몸이 불편해 보이는 상황에서 '괜찮습니까?'라고 염려하여 묻는 말입니다. 내가 초조한 마음에 겨우 택시를 타는 심정을 알아채기라도 한 것인가 하며 또 깜깜한 밤인데 내 얼굴에 초조함이 보이나보다 하면서 신기하게 생각했지요.

나중에 알고 보니 영국에서는 'You all right?'의 의미는 북미와는 달리 특별한 의미가 담겨있지 않는 그저 가벼운 인사말이었습니다. 'Hello', 혹은 'How are you doing?'과 동일한 어감인데요. 친근한 사이에서 종종 first name과 함께 툭 던지듯이 쓰지요. 'You all right, Alex?'(알렉스 잘 지내?)와 같이요. all right를 때때로 alright로 쓰기도 합니다.

Alright?의 대답으로는 'I am good.' 혹은 'Fine.', 'Alright.'이라고 가볍게 하면 됩니다. 말을 거는 사람은 'You all right?'하면서 뒤 끝을 올리면 되고요 받는 사람은 'All right' 혹은 'Yea' 하면서 뒤끝을 내리면 됩니다. 영국 전역에 걸쳐 격식 없는 분위기에서 매우 잘 쓰이는 인사말입니다.

영국에서만 쓰일 뿐, 미국이나 캐나다는 물론 호주나 뉴질랜드에서는 이런 의미로 쓰이지 않기에 맨 처음 겪으면 당황할 수 있는 표현입니다. 미국이나 캐나다는 우리가 알고 있듯이 'How are you?' 혹은 'How are you doing?', 'How is it going?', 'How is your day?' 등등이 쓰이지요(37번, 43번 에피소드 참고). 호주에서는 'G'day'가 쓰이고요(29번 에피소드 참고).

42 Without further ado
지체없이, 이러니 저러니 언급하지 않고

사회를 볼 때 자주 하는 표현일 것입니다. 강사를 소개하거나 혹은 시상식을 거행하거나 등등에 쓰이지요.

예를 들면, 시상식에서 통상 순위를 발표하는 이가 '오늘 대회 참가자의 열기가 뜨거웠고 치열한 경쟁으로 인해 정말 우열을 가리기 힘들었다. 어렸을 때부터 기량을 닦아 온 참가자들의 노력이 어쩌고저쩌고~' 등등을 장황하게 이야기하곤 합니다. 이런저런 이야기를 하다가 '자, 그럼 이제 더 지체하지 않고 바로 본격적으로 수상자를 발표하겠습니다.' 하면서 장려상 수상자부터 발표를 시작하게 되지요. 이때 사용되는 '이제 더 지체하지 않고'에 해당하는 영어 구문입니다.

'Without further ado' 의미는 '더 지체하지 않고, 속히(=with no more delay)'의 의미입니다. 일상적인 표현이므로 큰 의미가 내재하고 있지는 않습니다만 사회자가 이런저런 이야기를 하다가 본론으로 들어가기 위한 분위기 전환을 꾀할 때 유용하다고 볼 수 있고 실제 매우 잘 쓰입니다.

I feel honoured to introduce Professor Jackson in the 21st Distinguished Scholars' Forum. I am proud that this Forum has been for more than twenty years, giving a great opportunity of inspiration to the people in this community. Well, <u>without further ado</u>, I would like to introduce to you Dr. Bill Jackson. Please welcome him with a big round of applause.

21회 저명 학자 포럼에서 잭슨 교수님을 소개하게 되어 영광입니다. 이 포럼은 20년 이상이 된 것으로 이 지역 사회에 영감을 일깨우는 기회를 주고 있습니다. 자, <u>더 지체 않고</u> 빌 잭슨 교수님을 소개합니다. 큰 박수로 환영 해주세요.

이 포럼이 얼마나 오래되었고 어떤 역할을 해왔는가 등등 주절주절 이야기하다가 이제 마지막에 without further ado(지체치 않고)하고 말하면서 강사를 소개합니다. 매우 자주 보는 소개 형식이지요.

어떤 이는 'ado'라는 단어의 원뜻이 '소동' 혹은 '야단법석' 등의 의미이기에 Without further ado를 쓰게 되면 이전에 했던 말이 그냥 무의미한 말인 듯한 느낌이 들 수 있다면서 그것을 방지하기 위해 'Without further delay'로 표현하는 사람들도 있습니다. 이것도 좋습니다. 그러나 이전에 했던 말이 당연히 모두 무의미한 것은 아니며 ado는 단지 습관처럼 쓰이는 것이니 걱정하지 마시고 ado를 써도 됩니다. 자신 있게 표현하세요. 하나 더 예를 들겠습니다.

I don't think I have to explain how famous Dr. Franklin is. He wrote ten books, all of which are famous and well-known worldwide. Well, <u>without further ado</u>, I would like to introduce to you Dr. James Franklin.

프랭클린 박사님이 얼마나 유명한지 설명할 필요가 없습니다. 열 권의 책을 쓰셨는데 모두 유명한 책이고요. 세계적으로 잘 알려졌지요. 자, <u>더 지체하지 않고</u> 제임스 프랭클린 교수님을 소개합니다.

43 I am doing alright, thanks. You?

기분 좋습니다. 감사해요. 당신은요?

처음 영어를 배울 때부터 우리가 How are you?에 대한 응답으로 많이 배웠고 사용했던 대답, 아시지요?

I am fine, thank you. And you?

너무도 익숙한 위 표현에 모두 고개를 끄덕이실 것입니다. 좋은 표현임에 틀림없지만, 실제 사용빈도를 보면 이것보다 더 많이 사용하는 동일한 의미의 표현들이 많이 있습니다. 다소 딱딱해 보이기까지 하는 위 표현에서 이제 벗어나시고 대신에 더 자연스런 표현들을 구사하는 것이 좋겠습니다.

어떤 분이 'How are you?' 하고 인사를 건네왔나요? 이렇게 한번 해 보세요. 훨씬 더 자연스럽게 들립니다.

I am doing alright, thanks. You? 기분 좋습니다. 감사해요. 당신은요?

이외에도 다음과 같은 응답들이 있습니다.

A	B
I'm doing alright, thanks.	How's everything with you?
I'm doing great, thanks.	How are things on your end?
I'm alright, thanks.	How about you?
I'm good, thanks for asking.	How are you doing?

응답으로 A파트 중에서 하나, B파트 중에서 하나를 골라 사용하면 됩니다.

A파트 응답에 Doing alright, Doing great 이렇게 'I'm'을 생략한 채로 해도 되고, 심지어 형용사 하나만을 표현해도 훌륭합니다. 즉, Alright, Great, Good, Fine, 혹은 Not bad, Pretty good 등등이 있습니다. 아울러 간단하게 답을 하더라도 위 예시들처럼 뒤에 thanks를 붙여주면 훨씬 부드럽겠지요?

B파트 응답은 완전한 문장이 아니어도 됩니다. 그저 'And you?' 혹은 'You?' 이렇게만 해도 됩니다.

은행에 가서 업무를 볼 때 은행원이 가볍게 인사하며 물어볼 때, 혹은 그저 지나가는 전혀 모르는 이가 'How are you?'하며 여러분에게 질문을 할 때 여러분은 'Good, yourself?' 이렇게 간단하게 답변하고 지나가도 됩니다. 그들이 친절함의 일환으로 물어본 것이지 여러분의 상황에 관심이 있는 것은 아니니 여러분도 간단하게 답변하고 넘어가면 되겠습니다.

이외에도 여러 표현들을 생각해 볼 수 있습니다.

(I'm) good, thanks. How about you?
(I'm) great, (thanks). And you?
(I'm) pretty good. What's new with you?
Yeah! Good. You?
Not bad. You?
(I'm) alright. You?
(I) can't complain. You?
Never better. You?

감칠맛 나는 맥락 영어 ──────────── *Part.4*

04

감정이 스며있는 영어

언어는 양방향의 소통입니다.

소통은 말에 담긴 의미 이외에 말하는 이의 감정도 함께 담겨 있습니다.

우리는 그 말의 의미와 더불어 감정을 함께 고려하여 진정한 뜻을 해독합니다.

제가 경험했던 상황 가운데 감정이 스며있어 더 촉촉해진 영어를 묶어 놓았습니다.

44 Are you kidding me?

놀랍네요

미국 메이저리그 야구 중계를 가만히 듣다 보면 멋진 수비가 나오거나 할 때, "Are you kidding me?" 이렇게 아나운서가 이야기하는 것을 들을 수 있습니다. 언젠가 본 메이저리그 경기에서 외야로 빠져나가는 2루타 안타 공을 좌익수가 잡아 3루를 돌아 홈으로 대시하는 2루 주자를 홈에서 보살시키는 명 수비 장면이 나오니 "Are you kidding me? Unbelievable… throw all the way in the air." 이런 표현을 쓰더군요. 즉 '놀랍네요. 공중에 뿌린 믿을 수 없는 멋진 송구.'의 의미입니다. 또, 잡기 어려운 위치로 날아간 땅볼을 2루수가 어렵게 글로브로 잡아 손으로가 아닌 글로브로 공을 바로 휙 뿌려 2루로 카버 들어온 유격수에게 던져 아웃시키고 유격수가 1루로 재빨리 던져 멋진 더블플레이를 시키니 중계캐스터가 이렇게 말하네요. "You gotta be kidding me! It's unbelievable." 즉, '놀랍습니다. 믿을 수 없네요.'하면서 감탄을 연발하더군요.

'Are you kidding me?' 이는 실생활에 매우 잘 쓰이는 말입니다. kid라는 단어는 여기서 동사로 쓰여 '농담하다' 뜻입니다. 그래서 '내게 농담하고 있나요?'의 의미로서 즉 '농담같이 믿기 어려운 일이 일어났다' 혹은 '놀랍다', '진짜 대단하다'는 뜻이지요. 'You gotta be kidding me!'도 '내게 농담함이 틀림없지요!'라는 뜻으로서 결국 '내게 농담한다고 생각할 만큼 놀라운 일이 발생했다'라는 의미입니다.

예를 들어 어떤 친구가 뉴욕에 갔을 때, 센트럴파크에서 조깅 중인 오바마를 그곳에서 우연히 만나 셀카를 함께 찍었다고 칩시다. 그때 이 말을 들은 친구들이 이렇게 쓸 수 있

뼈 때리는 영어표현

는 겁니다. 'Are you kidding me?'(나를 놀리는 건가요? 즉 믿을 수 없을 만큼 대박이네요.)

　의문문이라기 보다는 감탄문처럼 쓰임을 유의하시고 그래서 '농담이 아니다!'라는 확신에 찬 의미로 쓰이고 있습니다. 즉 '진짜 놀랍다!'라는 의미로서 'unbelievable'(=믿을 수 없을 정도로 놀랍다)의 뜻으로 쓰이는 것이지요.

　'Are you kidding me?' 혹은 'You must be kidding me.' 아울러 'You gotta be kidding me!' 모두 동일한 표현으로서 이들은 믿을 수 없는 장면을 보고 놀라울 때 쓸 수 있는 표현들입니다. 비슷한 의미로 바꾸어 쓸 수 있는 것은 incredible, unimaginable, stunning, phenomenal 등등이 있습니다. 예를 하나 더 보면,

Ⓐ Look at the bridge! It is the highest one in the world, 565 meters above
the valley below.
저 다리를 보세요! 세상에서 제일 높은 다리인데요, 저 아래 계곡 위 565미터 위에 세워져 있다네요.

Ⓑ You must be kidding me. It's stunning.
정말 놀랍네요. 굉장히 멋지네요.

　혹은 이렇게도 쓰는 표현도 있습니다. 'No kidding, there were about a hundred people at Mary's party.'(정말로 메리의 파티에 100여명이 참석했습니다.) 이 문장에서 no kidding은 '정말', '진짜로'의 의미입니다. 언급되는 말이 사실임을 강조하는 것이지요.

45 I am hangry

배고파서 화나요

작년인가요, 시내 호텔에서 국제학술대회를 하는 중이었는데요. 오전 전체세션에서 발표 후 토론시간이 길어져 점심시간이 훌쩍 지났을 때, 옆의 외국인 학자가 농담으로 슬쩍 한 마디 했습니다. 'I am hangry.' 조그만 소리였지만 주변의 사람들은 충분히 알아 들을 만한 목소리였습니다. 주변에서 동조하는 듯 '와~'하고 웃음이 터졌지요.

영어의 속담 중에 'A hungry man is an angry man.'이 있습니다. '배고프면 사나워진다', 즉 기본적인 필요가 충족되지 않으면 인내하기 어렵다는 말입니다. 배고픔뿐 아니라 인간에게 욕구가 채워지지 아니하면 인간은 사나워지고 폭력적이 될 가능성을 이야기하는 내용입니다. 우리네 속담으로 '곳간이 충실해야 예절을 안다' 혹은 '의식(衣食)이 족해야 예절을 안다'와 일맥상통하는 속담입니다. 'hungry'와 'angry'를 합하여 'hangry'라는 조어는 이런 기반 위에 만들어졌습니다. 마침 두 단어가 '~gry'로 끝나는 운율도 서로 맞아 떨어지니 재미있는 조어가 되었습니다. '배고파서 화가 난'이라는 뜻입니다.

언젠가 식당에서 있었던 일입니다. 어떤 일단의 남성 4명이 식당에서 늦은 점심으로 주문한 음식이 종업원 착각으로 그 주문이 주방으로 전해지지 않아서 이들은 오랫동안 기다려야만 했는데요. 음식 재촉을 하면서 그 이유를 알게 된 이 손님들이 화가 엄청 났지요. 매니저에게 가서 따지며 화를 폭발한 이들은 매니저가 미안하다며 서비스 음식을 제공하는 등 애를 써서야 겨우 진정이 되는 것을 본 적이 있습니다. 배고프면 화나게 되어 있는 것입니다.

인간은 기본적인 욕구가 채워지기 어려우면 화를 내고 폭력적으로 변하기 쉽다고 했는데요. 관련하여 흥미로운 속담이 하나 있습니다. 'Society is only three meals away from revolution'입니다. 의미는 '사회는 혁명으로부터 세끼 음식 멀리 있을 뿐이다.' 즉 사람들이 세끼만 굶는다면 혁명이 일어날 것이라는 의미를 함축하고 있지요. 전 세계적으로 2007년 이래로 약 40퍼센트의 food가격 인상이 있었습니다. 그리하여 어떤 나라는 수입의 70퍼센트 이상을 food에 쏟아 부어야 하는 실정이 되었지요. 우리가 학교 다닐 때 배웠던 엥겔계수가 엄청 높은 경우가 된 것이네요. 이러면 사회가 불안해지고 폭동이 일어날 가능성도 있습니다. 정치인들이 새겨들어야 하지요. 'hungry'의 대화 예를 보겠습니다.

Ⓐ This meeting is dragging on.[1] It's already over 12:30.

이 회의가 질질 끌어지네요. 벌써 12시반 입니다.

Ⓑ You're telling me.[2] I am starving now.

누가 아니래요. 배가 고파 죽을 지경입니다.

Ⓐ Oh, you really sound angry.

정말 화가 난 듯한 목소리이시네요.

Ⓑ Yes, I am hangry. A hungry man is an angry man.

네 배가 고파 화가 나요. 배고프면 사나워진답니다.

Ⓐ You are right.

맞아요.

---

[1] drag on 질질 끌다.

[2] You're telling me 내 말이 바로 그 말입니다. 그렇고 말고요.

46 No offense, but~

악의는 없지만, ~

　미국에서 연구년 시절 당시, 아이가 초등학교에서 있었던 이야기를 제게 말해주었습니다. 반 친구 Mark가 같은 반 친구인 Andrew의 흉을 보고 있었는데요, 그런데 마침 주변에 Andrew가 있었고 Andrew가 Mark의 말을 들은 거예요. 그러자 화들짝 놀란 Mark가 Andrew에게 이렇게 이야기하였다네요. "No offense!"

　상대방이 듣기 좋아하는 말이 아닌데 이야기를 어쩔 수 없이 하게 될 때, 오해하지 말라는 투로 미리 완충적인 말을 해 두는 경우가 있습니다. 그때 'No offense'라고 하면 됩니다. 종종 but을 붙이면서 말을 이어가게 되지요. 여기서 offense는 원래 공격이라는 말입니다. 그러니까 '공격하는 것이 아니고요', 즉 요즘 말로 '디스하는 것이 아니고요' 혹은 '기분 나쁘라고 하는 말은 아니고요'의 의미입니다. 다른 말로 'Don't be offended!'(화내지 말아요.)의 의미가 됩니다.

　그러니까 위 Mark가 Andrew에게 했던 'No offense'는 '기분 나쁘게 할 의도 없었어, 화내지마.'라는 의미가 되겠네요.

　예를 들어, 'No offense, but I hate basketball.'(악의는 없고요, 근데 저는 농구를 싫어해요.) 농구를 좋아하는 친구 앞에서 자기는 농구를 싫어한다고 말하고자 할 때 이렇게 먼저 이야기해 두면 그나마 친구가 조금 덜 기분 나빠하겠지요.

　때때로 no offense를 문장 맨 뒤에 둘 수도 있습니다. 야근을 하고 지쳐 집에 온 아빠로부터 땀 냄새가 납니다. 이에 아들이 이야기합니다. 'Dad, you need a bath. No offense.' (아빠, 목욕하셔야 할 것 같아요. 기분 나쁘라고 말씀드리는 것 아니에요.)

통상 대답으로 'None taken'이라고 말합니다. '괜찮다'는 의미로 쓰이는 말입니다. 원래 'take offense'라는 말이 '화나다', '기분이 상하다'의 의미인데요. 'None taken'은 '어느 것도 받은 바 없다', 즉 'offense를 take하지 않았다'는 의미이니 결국 'I'm not offended' '기분 나쁘지 않다', '괜찮다'는 의미이지요. 사실 상대방이 기분 나쁘게 할 의도 없이 말하는 것이라고 미리 이야기한 마당에 기분 나쁘다고 이야기할 수는 없는 것이지요.

아래 대화를 통해 'no offense'와 'none taken'의 예를 보겠습니다.

Ⓐ No offense, but I think you are mistaken.
　　기분 나빠지라고 하는 이야기는 아닌데요. 당신이 실수하셨네요.

Ⓑ None taken. I recognize my mistake I've made.
　　괜찮아요. 전 제가 한 잘못을 알고 있습니다.

또 이와 유사한 표현으로 자주 쓰이는 것은 'no hard feelings'(47번 에피소드 참고), 그리고 'nothing personal'이 있습니다. 특별히 'nothing personal'은 '사적인 감정이나 의견 때문이 아니야'의 의미입니다. 'It's nothing personal, it's just business.'(사적인 감정 때문이 아니고 비즈니스이지.) 예문 하나 더 봅니다.

It's nothing personal, but you should leave here right now.
사적인 감정으로 상처 주려는 것은 아니지만, 너는 지금 당장 이곳을 떠나야 해.

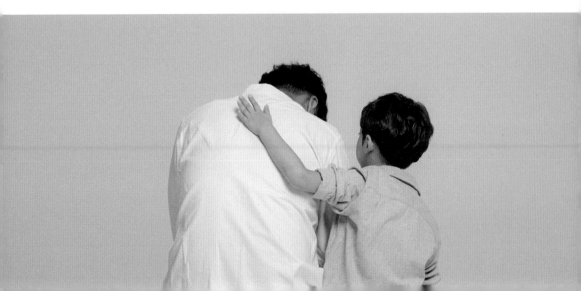

OMG
어쩌나, 저런

카투사 시절에 일과가 끝나면 소프트볼 게임을 참 많이 했습니다. 신참 시절, 녹색 잔디 위에서 공을 치고 달리면 참 신이 났던 것 같습니다. 미군 상병이었던 Todd도 종종 우리와 어울려 함께 경기했는데요, 몸도 좋은 강타자였기에 공을 멀리멀리 쳤습니다. 어느 날 경기하다가 Todd가 친 공이 저 멀리 잔디밭 건너편에 앉아 책을 보던 어떤 사람의 머리 위로 공이 날아갔습니다. 그때 Todd가 천천히 이렇게 이야기하더군요. 'O. M. G' 무슨 말일까요?

OMG는 'Oh, My God' 각 단어의 첫 철자를 따서 만든 말입니다. 혹은 That's OMG! 이렇게도 이야기합니다. OMG는 'Oh, My God' 이외에도 'Oh, My Gosh', 'Oh My Goodness' 등등의 줄임말로 볼 수도 있으며 '어쩌나', '저런' 등등의 놀랄 때 쓰는 말이랍니다. 예를 들어 OMG! I forgot to bring my cell phone with me.(어쩌나! 핸드폰을 안 가지고 왔네.)

OMG는 사실 주로 인터넷, 문자 등등에서 쓰던 용어인데 이제 이렇게 실생활에서도 널리 쓰이네요. 이제 OMG는 영어사전에도 정식으로 등록될 정도로 실생활에서 널리 쓰이게 되었습니다. 이것을 말할 때는 평상시 말처럼 빨리 말하는 것이 아니라 정말 놀라서 천천히 'Oh My God!' 할 때의 억양과 속도에 따라 천천히 또박또박 O. M. G! 하면 그 의미가 더 살아납니다.

한 가지 덧붙여 알아 두실 부분은 'OMG'를 늘려서 쓸 때는 'Oh, My God'하는 것보다는 'Oh My Gosh'하는 것이 조금 더 나은 것 같습니다. God라는 단어를 입에 올리는 것이 왠지 불경스럽게 느껴지는 사회적 암묵이 있기에 그렇습니다. 실제로 제가 유학 시절

classmate와 함께 어느 친구 이사하는 것을 도와주다가 물건을 떨어뜨린 적이 있는데요. 그때 제가 'Oh, My God!'했더니 옆에 있던 그 동료 학생이 내게 'Oh My God!' 보다는 'Oh My Gosh!'로 하라며 일러 주던 기억이 있습니다.

인터넷에선 이렇게 축약하여 각 단어의 첫 철자를 따서 만든 많은 경우가 있습니다. 대표적으로 'lol'은 정말 많이 쓰입니다. 이는 'laugh out loud' 혹은 'lots of laughter'의 축약형이지요. '재미있어서 많은 웃음을 자아낸다'는 뜻이지요. 또 우리가 잘 아는 ASAP은 'as soon as possible'에서 따왔고요, 의미는 '가능한 한 빨리' 입니다. FAQ는 'frequently asked questions'에서 온 것으로 '자주 하는 질문들'이지요. 이외에도 N/A도 종종 볼 수 있는 것인데요. 'not applicable', 즉 양식을 작성할 때 어떤 항목에 대해서 '해당 사항이 없다'는 의미입니다.

위 소개된 것 중에서 OMG와 ASAP은 인터넷에서뿐 아니라 실제 생활에서 회화체로써 자주 쓰입니다. 곤란한 상황에서 O. M. G하는 이들을 많이 볼 수 있고요, 또 빨리라는 말은 ASAP이라고 이야기하는 이들을 볼 수 있습니다. 발음은 A. S. A. P 각 철자를 따로 발음하던지 혹은 [eisæp] 이렇게도 발음합니다.

48 Sorry to put you on the spot

곤혹스럽게 만들어 미안해요

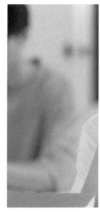

유학 중 대학원에서 제 논문의 연구대상은 영어를 배우고 있는 외국인 학생들, 즉 ESL 학생들이었습니다. 그리하여 여러 번 그들의 수업을 참관할 기회가 있었습니다. 특별히 저의 관심은 교실 내에서 교사와 학생들 간의 상호작용을 보는 것이었기에 교사의 질문과 학생들의 대답이 어떠한지 그 유형을 발견하기 위해 애를 많이 썼습니다.

어느 날, 수업 중에 '영어 듣기/말하기' 수업을 참관했는데, 교사인 Patti는 모든 학생에게 일일이 발음을 시켜 확인하는 시간을 가졌습니다. 한 사람, 한 사람 돌아가면서 발음을 시키니 발음이 잘 안 되는 학생들, 특별히 아시아에서 온 학생들은 무척 민망해했습니다.

그것이 구체적으로 어떤 발음이었는지 기억은 안 나지만, Patti 교사의 의도대로 발음이 잘 안 되는 대만 여학생에게 Patti가 자꾸 발음하게 시키니 그 학생의 얼굴색이 변하면서 당혹해하는 것을 느꼈습니다. 그러자 Patti 교사가 "Sorry to put you on the spot"이라고 하네요.

'Sorry to put you on the spot'은 '(답하기 어려운 질문을 해) 곤란하게 하여 미안해요'입니다. 'on the spot'은 잘 쓰이는 표현인데요, 원래 의미는 '현장에서' 혹은 '즉석에서'의 의미입니다. 예를 들어, 'He answered the question on the spot.' 그는 즉석에서 답을 했습니다. 그러면 'put you on the spot'은 '현장에 세우다'의 의미일 텐데요. 즉 '만인의 조명받는 그 자리', 심문받는 그 자리에 세우다의 의미로 확대하면 '어려운 질문으로 인해 곤란하게 하다'의 의미가 유추될 수 있을 것으로 보입니다. 예를 들면,

The interviewer's questions really put him on the spot.
인터뷰 진행자의 질문은 그를 정말 곤혹스럽게 만들었습니다.

She asked if I would vote for her, which really put me on the spot because I had decided not to.
그녀는 제가 그녀에게 투표할 것인지를 물었는데 이것은 저를 당황케 하는 질문입니다. 왜냐하면 그녀에게 투표하지 않을 것으로 마음먹었었기 때문이지요.

Jane put the boss on the spot by asking him when he was going to give us a pay rise.
제인은 사장님에게 언제 우리 월급이 올라갈 것인지 묻는 바람에 사장님을 곤란에 빠뜨렸습니다.

참고로 어순을 바꾸어 'spot on' 하면 '정확한'의 의미가 있습니다.

His assessment of the situation was spot on. (그 상황에 대한 그의 평가는 정확했습니다.) 혹은 '정확히'라는 부사로 다음과 같이 쓰입니다.

Ⓐ How old do I reckon she is? I'd say 38.
그녀가 몇 살 정도일까? 아마 38 정도인 것 같아.

Ⓑ Spot on.
정확해.

Bittersweet
슬프고도 행복한

미국에 있으면서 한인교회에서 하는 AWANA모임에 아이들을 보냈습니다. AWANA의 의미는 'Approved Workmen Are Not Ashamed'의 각 단어 첫 철자를 딴 것으로 '부끄럼 없는 주님의 인정된 일꾼'을 표방하는 성경 기반의 어린이 양육 프로그램으로 잘 알려져 있습니다.

저의 둘째 아이는 일주일에 한 번씩 이곳에 가서 활동했는데요. 아이들이 때로 불성실한 태도와 반응을 보임에도 불구하고 정성을 다해 가르치시고 섬기시는 교회 관계자 여러분의 모습이 부모로서 참 감사한 마음이 들었고 좋았습니다.

한 학기를 마치고 이제 AWANA 마지막 모임에서 주관하시는 목사님이 인사 말씀을 하시는데 이러시는 겁니다. "It's a bittersweet moment for all of us." 한 학기 동안 여러 일이 주마등처럼 스쳐 지나가는 목사님의 얼굴을 볼 수 있었습니다. 철부지 꼬마들을 데리고 진행하시면서 정도 들었지만, 또 마음고생 하신 흔적을 이 말속에서 느낄 수 있었습니다.

bittersweet는 원래 'bitter' and 'sweet'의 의미이겠지요, 즉 쓰고 단 맛이 함께 공존한 느낌입니다. 다크초콜릿을 먹으면 이런 느낌이 있던가요? pain(고통)과 pleasure(즐거움)가 함께 하는 것이고 행복과 슬픔이 함께 있는 순간을 의미합니다. bitter와 sweet 이것을 이제 합쳐서 bittersweet 하나의 형용사로 쓰고 있습니다. '슬프기도 하고 좋기도 한' 그런 의미, 조금 의역을 하면 우리 말 표현에 '시원섭섭한' 정도가 될 것 같습니다.

bittersweet의 예를 들면 학교를 졸업할 때 그간의 학교생활을 회상하며 이제 희망의 앞날을 기대하면서, 혹은 손주 녀석들 여럿이 할아버지 집에 왔다가 난장판을 만들어 놓고 이제 돌아가는 모습을 보는 할아버지, 할머니의 마음이 이렇지 않을까요?
bittersweet, 지난 한 학기 동안 힘도 들었지만 함께 정을 나누고 뒹굴었던 아이들과 이제 헤어지는 AWANA 담당 목사님과 선생님들의 마음에 만감이 교차함을 잘 드러낸 단어인 것 같습니다.

bittersweet는 ly를 붙여 부사 bittersweetly로 또 ness를 붙여 명사 bittersweetness로 쓸 수 있습니다. bittersweet는 통상 뒤에 기억, 시기, 순간 등등의 명사가 옵니다. bittersweet memories(슬프고도 행복했던 기억들), bittersweet days(슬프고도 행복한 날들), bittersweet moment(슬프고도 행복한 순간들), bittersweet remembrances(슬프고도 행복한 기억들)처럼요.

아래 bittersweet한 이의 마음을 잘 읽을 수 있습니다. 마음이 짠하네요.

Ⓐ When I learned I won the contest, I felt bittersweet.
내가 시합에서 이겼음을 알았을 때, 난 슬프고도 행복했습니다.

Ⓑ Why? I thought you were happy.
왜요? 행복했을 것 같은데요.

Ⓐ I was happy and sad at the same time, since I knew I beat out my best friend who wanted to win more than me.
저는 저보다도 우승하기를 더 원했던 친구를 제가 이겼다는 것을 알고 기쁘고도 슬펐습니다.

50 Eww
우웩

미국에서 초등학교 4학년인 둘째 아이가 점심시간에 아이들이 이런 말을 하는 것을 들었다면서 그 아이들의 표정을 재미있게 제게 설명한 적이 있습니다. 식사하다가 어떤 아이가 실수로 salsa 소스를 바닥에 흘려 어지럽게 흩어져 있는 모습을 보고, 아이들이 모두 'eww~'하더라고 하네요…. 귀여운 어린 꼬마들의 표정이 마음에 그려졌습니다.

eww는 주로 아이들이 쓰는 감탄사입니다. 발음은 [iːuː]이렇게 합니다. 싫어하거나 불쾌한 것을 보거나 듣게 되면 인상을 찌푸리면서 이 말을 하는 것을 볼 수 있습니다. 역겨운 느낌이 나는 곳, 예를 들면 화장실에 들어갔는데 화장실 냄새가 좀 심하게 나면 아이들은 인상을 찌푸리면서 역시 'eww!'합니다. 또 교실에 바퀴벌레가 기어 다니는 것을 발견하거나 소름 돋게 하는 기분 나쁜 드릴소리에도 이 감탄사를 내뱉을 것입니다.

또 처음 맛보는 음식을 먹으면서 eww하면 맛이 없다는 의미입니다. 우리로 치면 '우웩', '으엑' 이런 의미의 감탄사입니다. 'yuck'을 써도 동일한 의미의 감탄사가 됩니다. eww 혹은 yuck는 disgusting이나 gross 등의 말로도 대체할 수 있는 말이지요. 같은 의미로 'It's not my kind.', 'I don't like the taste.' 등등의 표현도 가능하지만 감정의 강도는 eww나 yuck에 비해 약합니다.

eww라는 감탄사 다음에 감정을 보충하는 단

어와 함께 쓰면 뜻의 더 확실하게 전달되겠지요. 예를 들면, 아이들 대부분이 싫어하는 brocoli(브로콜리)를 주면 아이들은, 'Eww!! this is so disgusting!!'(으!! 정말 역겨워!!) 이렇게 이야기할 거예요. eww를 disgusting의 단어와 함께 쓰면 더 확실한 의미로 다가옵니다.

eww 이외에도 잘 쓰이는 감탄사 몇 개를 소개합니다. eww의 반대의 의미로 맛있는 'yum'이 있습니다. 우리말로 하면 '냠냠'의 의미가 있습니다. 'Yum! How can we live without chocolate?' 냠냠! 초콜릿 없이 우리가 어떻게 살리요? 'It's yummy.'하면 맛있다는 의미입니다. 'It's yucky.'와는 반대 의미이네요.

'Oops!'도 참 잘 쓰이는 감탄사입니다. 가벼운 실수를 했을 때 툭 자기도 모르게 튀어나오는 감탄사가 되겠습니다. 누군가 사진을 찍고 있는데 그 앞으로 모르고 그냥 지나가다가 알게 되었을 때, 반사적으로 이 말이 나올 수 있지요. 누군가 애정표현을 하고 있는데 그 앞으로 우연히 지나가다가도 이런 감탄사를 낼 수 있습니다.

'Ouch!'도 매우 잘 쓰는 감탄사입니다. 순간적인 고통을 맛볼 때 나오는 말입니다. 손가락을 베었을 때나, 탁자에 부딪혀서 허벅지가 살짝 아프거나 하면 마치 우리가 '아야' 하듯이 나오는 감탄사입니다.

마지막으로 'Tada!'가 있습니다. 상대편이 신나거나 기뻐하거나 할 것을 기대하면서 뭔가 보여줄 때 나오는 감탄사입니다. 우리말로 하면 '짠!' 혹은 '짜잔!' 하는 것과 같습니다. 어린아이들이 자기가 그린 그림을 보여줄 때 엄마에게 눈 감으라 하고 살짝 옆에 가서는 눈 뜨라고 하며 보여줄 때 내는 소리 '짜잔'을 생각하면 되겠습니다.

51 No hard feelings
감정 상함이 없어요

학교의 테솔전문교육원에서 원장으로 일을 할 때입니다. 가르치는 분들이 대부분 정규 외국인 교수이긴 하지만, 계약직 외국인 강사를 고용한 적이 한 번 있었는데요, 교수의 인원 수급이 맞지 않아 불가피하게 두 학기를 고용하였고 이제 그분의 계약을 종료할 때였습니다. 사실 그동안 같이 지내왔는데 불쑥 나가라고 함이 쉽지 않았습니다. 대학에서 가르치는 것이 다른 곳보다는 좋은 여건이기에 나가라고 하는 것은 사실 그분 입장에서는 잔인하게 들릴 수 있습니다.

상황을 그전에 미리 자세히 설명하였고, 이제 어쩔 수 없이 해고하기로 했다고 연락을 드렸습니다. 기분 나쁘다며 받아 드릴 수 없다고 강하게 반박하면 어떻게 하나 하는 걱정도 있었는데요. 다음 날 아래의 정중한 메일이 왔습니다.

I appreciate the kindness with which you relieved me of my position. <u>No hard feelings</u>, you had to do what you had to do. I believe with the utmost certainty, you are a very kindhearted person and did not make this decision lightly.
제가 제 자리로부터 해임됨에 있어 친절하게 대해 주심에 감사합니다. <u>악감정 없이</u>, 당신은 해야 할 일을 하셨던 것이지요. 저는 당신이 매우 친절한 마음을 가지신 분이고 이 결정을 가볍게 결정한 것이 아님을 확신합니다.

여기서 'no hard feelings'가 무슨 의미일까요? 'hard feelings'는 적의, 악감정, (남에 대한) 언짢은 생각 등을 의미하니 'no hard feelings'는 '적대감이나 악의를 드러내지 않는 것'을 의미합니다.

예를 들면, 상대방이 'I'm really sorry'(미안해요) 그러면 제가 'Don't worry—No hard feelings'(괜찮아요—전혀 악감정 없습니다.) 이런 식입니다. 또 서로 다퉜거나 혹은 경쟁에서 이기거나 진 상대방에게 '서로 감정 상하지 않기로 하자!'는 의미로 쓰입니다. No hard feelings가 들어가면 대화의 분위기를 진정시키는 효과가 있습니다.

비슷한 말로 'no offense, but'을 쓸 수도 있습니다(42번 에피소드 참고). 공격하는 것이 아니라는 의미이지요. 'no offense, but'과 'no hard feelings'를 굳이 비교하자면, 'no offense, but'은 상대방이 듣기에 불편한 말을 하기에 앞서서 미리 살짝 예고하는 듯 선수 치는 것이고, 'no hard feelings'는 과거의 일을 돌아보며 상한 마음을 이제 접어두고 새로운 마음 갖자는 의미의 말입니다. 예를 들어, 'No offense, but I just don't feel like going there with you.'(기분 상하지 말고 들어요, 난 그냥 당신과 함께 그곳에 가고 싶지 않아서 그래요.) 'So I hope you'll move on now, make a fresh start, no hard feelings.' (자, 이제 앞으로 나아가 새로운 출발을 합시다, 상한 마음 없이요.)

다시 이야기 돌아가서, 그 외국인 교수님이 보낸 이메일에 또 한 마디 덧붙인 내용이 있는데요. 아래 코멘트를 보내왔습니다.

With no hard feelings, it is probably best not to start an email with "Hi, how is it going?", then relieve someone of their position. It is ironic.(감정 상함이 없이 말씀드리는데요, 해고되었다는 내용을 담은 이메일을 '잘 지내시는지요?'하면서 시작하지 않는 것이 아마도 중요할 것 같습니다. 그것은 모순적인 인사이거든요.)

해고되었다는 내용의 이메일을 그분에게 보내면서 "Hi, how is it going?" 이런 인사로 시작한 것에 대하여 조금 불편했나 봅니다. 그렇지만 그분의 답변문장 첫머리에 With no hard feelings 이렇게 시작한 것으로 보아 따지거나 비난하는 의도가 아니라 단지 이러한 어법을 모른다고 생각한 제게 알려주고자 하는 마음이었던 것을 볼 수 있습니다. 저도 악감정 없이 이분의 정중한 조언을 받아들였지요.

Sweet and salty
복합적인 기분입니다

지난 2022년 10월에 미국 야구 메이저리그 포스트시즌 NLCS (National League Championship Series)에서 필라델피아 (Philadelphia Phillies)와 샌디에이고 (San Diego Padres)의 경기가 있었습니다.

그 경기가 흥미로웠던 것은 친형제가 투수와 타자로 맞대결을 벌인 것이었는데요, 이는 메이저리그 포스트시즌 역사상 첫 번째로 투수와 타자로 형제가 서로 맞붙는 것이었습니다.

Austin은 형으로 샌디에이고의 타자이고 Aaron은 동생으로 필라델피아의 투수였지요. 그날 Aaron이 선발투수로 등판을 했기에 둘은 서로 마주할 기회가 있었습니다. 첫 대결은 2회말이었는데 Austin은 평범한 3루 내야 땅볼로 물러났고 두 번째 대결인 5회 말에 Austin은 1루 주자 김하성을 두고서 우익수 앞 안타를 쳐 김하성이 홈으로 들어오게 만들었습니다. 이 때 중계 카메라는 부모를 비추어주었는데요. 관중들은 모두 환호하는데 부모는 다소 어정쩡한 모습으로 지켜보는 모습이 재미있었습니다. 앞에 있던 어느 팬이 아버지 쪽으로 뒤로 돌아 하이파이브를 해 보지만 아버지는 무표정으로 소극적으로 손 등으로 슬쩍 갖다 대는 모습이 잡혔습니다. 형, 동생, 어느 편도 들지 못하는 부모로서의 심정을 드러냈는데요. 아나운서가 그 때 부모의 표정을 보면서 하는 말입니다.

"Sweet and salty... you don't know how to react."
복합적인 감정일 듯요. 이럴 때 어떻게 반응할지 모르겠어요

sweet and salty, 즉 달고 짠 맛이니 복합적인 것을 이르는데요, 여기서는 두 아들의 어느 쪽 편도 들지 않고 지켜보아야 하는 부모의 복잡한 심경을 표현한 것으로 보입니다. 기자가 나중에 인터뷰하는데 그 아빠가 이렇게 이야기합니다.

"It's very surreal for us, I was so locked in. It went so fast."
우리 부부에게 그것은 초현실적인 느낌이었습니다. 굉장히 몰입해서 지켜보았고요, 빠르게 지나갔어요

어느 쪽 편도 들지 못했지만 아마도 부모의 속마음은 메이저리그 포스트시즌에서 맞붙은 두 아들에 대한 자부심이 있었을 것 같습니다.

53 We offer our heartfelt sympathy to~

진심 어린 애도를 표합니다

　일본 도호쿠 지방에서 2011년 3월에 발생했던 대지진을 기억하는 분들이 많을 것 같습니다. 일본 관측 사상 최대인 리히터 규모 9.0으로 세계 역사상 손꼽히는 강력한 지진이었으며 지진 발생 후 초대형 쓰나미로 많은 희생자가 났고 특별히 후쿠시마현의 원전 가동이 멈추면서 방사능 누출사고가 일어난 거대한 재앙의 지진이었습니다. 사망자와 실종자가 2만여 명, 피난 주민이 초기에 33만 명에 이르는 것으로 집계됐으며 방사성 물질 누출로 인한 환경피해는 매우 심각한 실정입니다.

　당시 이 천재지변이 일어나고 난 다음에 제가 속해있는 영어교육 관련 국제학회의 임원들의 이메일은 분주하게 교환되었습니다. 저희는 평소 이메일로 학회 관련의 다양한 안건을 조정하고 논의하며 교류하는데 이 사고 이후 일본 대표 이사에게 각 나라 대표 이사들의 위로 메시지가 답지했습니다.

　그중 Malaysia 대표 이사가 보낸 위로의 이메일을 보니 다음과 같습니다.

We were shocked by the news of the sudden catastrophe that has occurred in Japan. <u>We offer our heartfelt sympathy to</u> the people of Japan in the face of this disaster. Our prayers and thoughts are with those who have lost loved ones, friends and property.

(일본에 일어난 갑작스런 참사 소식에 충격을 받았습니다. 이 재난을 당한 일본 국민들에게 <u>진심 어린 애도의 마음을 표합니다.</u> 사랑하는 가족, 친구 그리고 재산을 잃은 분들을 위해 기도합니다.)

이 메시지를 보니 먼저 재난 뉴스를 보면서 shock을 받았다고 하면서 공감하고 있음을 볼 수 있습니다. 그리고 일어난 불행에 대하여 놀랍고 아픈 마음을 보여주고 있는데요. 한 가지 주목하고자 하는 구문이 'We offer our sympathy to ~'입니다. sympathy는 동정이란 뜻도 있지만, 애도의 의미가 있습니다. 이 단어는 offer 혹은 extend, present 등등의 동사들과 자주 쓰입니다. 'extend my(our) sympathy to ~'는 '~에게 위로를 보내다'로 대표적인 구문입니다.

여기서 특별히 sympathy 앞에 형용사 heartfelt를 넣어 좀 더 '진심 어린' 위로의 의미가 첨가되었는데요. 이렇게 형용사를 넣어 sympathy 의미를 풍성하게 할 수 있습니다. 예를 들어서 our sincere sympathy가 되어 '진정한 의미의 애도', 혹은 our deepest sympathy로 하여 '가장 깊은 애도' 등으로 표현할 수 있겠습니다. 예를 들어서, 'I am writing to extend my deepest sympathies to you and your family.'(저는 당신과 당신 가족에게 깊숙이 애도를 드리는 바입니다.) sympathy도 가능하지만, sympathy의 복수형 sympathies를 쓰게 되면 보다 격식 있는 말씨가 됩니다.

또 위 메시지에서 'Our prayers and thoughts are with ~.' 이 표현도 자주 쓰는 위로의 표현입니다. '우리의 기도와 생각이 ~과 함께 있다'는 뜻인데요. 즉 '유가족을 위해 기도하고 있고 생각하고 있다'는 따스한 표현입니다. 여기서 loved one 하면 통상 '사랑하는 사람'인데요, 특별히 loved ones 하면 가족, 친척을 의미합니다. 어려운 이웃에게 마음을 담아 보내는 위로의 메시지는 공감을 일으키고 또 우리 사회를 따뜻하게 합니다.

54 Bring it on! = I am ready
덤벼!

카투사로 근무할 때 Day room에서 미군과 카투사가 복식으로 탁구를 한 적이 있습니다. Day room은 군대 막사 건물 안에 있는 휴게실로 그 안에 TV와 잡지 그리고 소파가 있고 또 당구대와 탁구대가 있었습니다. 카투사가 한 팀을 이루고 미군이 한 팀을 이루어 탁구 복식 게임을 했었는데요. 아시겠지만 탁구는 아시아인들이 서양인들보다 매우 능한 종목입니다. 카투사 팀이 한 세트를 이기니 상대편 미군 팀이 물러서지 않고 national pride가 달려있다면서 다시 한 번 해보자고 하더군요. 그때 그 상대편 미군 친구가 이 말을 했습니다. "Bring it on!"

싸우거나 경쟁할 때 이제 싸울 준비되어 있다면 할 수 있는 표현입니다. 우리 식으로 하면 싸우기 전에 '난 준비되었어, 그래 덤벼', '해봐' 등등으로 표현할 수 있겠습니다. 특별히 스포츠나 게임을 할 때 이런 표현을 자주 들을 수 있습니다. 또 미국 프로 레슬링 선수들이 과장된 모습으로 상대편에게 "Hey, bring it on!" 이렇게 이야기하는 것을 TV에서 때때로 볼 수 있지요. 어떤 일에 도전하면서 나름 자신감을 가지고 임할 때 하는 말입니다. 예를 들어, 어떤 역경을 만났을 때 'If this is life then bring it on.'(이것이 인생이라면 덤벼봐.) 이렇게 이야기하면서 기꺼이 투혼을 가지고 도전하는 것이지요.

몇 가지 예를 더 보겠습니다. 2000년에 나온 미국 영화 중 제목이 'Bring it on'인 영화가 있었습니다. 4탄까지 나온 인기 있는 영화 시리즈로 '해보자', '덤벼' 등등의 각오를 드러내 주는 영화제목처럼 치어리더들의 대회 도전에 대하여 그린 영화입니다. 2018년 월드시리즈 보스턴 레드삭스와 LA다저스와의 4차전 경기, 푸이그로부터 홈런을 얻어맞아 4대 0으로 패색이 짙어진 보스턴 더그아웃에서 크리스 세일이 동료들을 격려하며 격렬하게 외치는 소리가 방송에 들렸습니다. "Bring it on, bring it on."(덤벼 봐, 덤비라고.) 그 외침 덕분이었을까요? 9회에 보스턴 레드삭스는 역전하게 되어 결국 승리합니다. 또, 어느 미드에 보니 꼬마들이 펜싱을 하는데 이런 말을 주고받네요. 나름 용감한 척하는 귀여운 꼬마들의 모습이 앙증맞았습니다.

Ⓐ Expect no mercy! 자비는 없어!

Ⓑ Bring it on, big boy. 덤벼, 덩치 큰 친구

또, 'bring in on'이 들어간 대화입니다.

Ⓐ Wanna play chess?

체스 게임 한판 할까?

Ⓑ Nah, I don't really like it.

싫어, 안 하고 싶어.

Ⓐ What's the matter? Are you afraid I'm gonna beat you?

뭐가 불만인데? 내가 너를 무찌를까 봐 무서운가 보지?

Ⓑ Dream on![1] Let's go then. Bring it on!

꿈 깨시지. 한번 해 보자. 자 덤벼!

'덤벼 봐'의 의미로 몇 가지 더 소개합니다. 먼저 'Put up your dukes!'가 있는데요 dukes 는 주먹을 의미합니다. 그러니 '주먹을 들어!'의 뜻이네요. 또 'Let'em all come!' 이것은 '다 덤벼 봐'의 의미입니다. 'Let'em'은 'Let them'이지요. 다수의 인원이 내게 덤벼들 때 쓰이네요. 마지막으로 'Come on!'은 가장 일반적인 표현으로 '덤벼!'의 뜻입니다.

---

[1] dream on '아무리 꿈꿔봐라, 그렇게 되나'. 즉, 꿈꾸는 소리 하지 마'. '꿈 깨시지!'의 의미로서 남의 생각이 현실성이 없음을 반어적으로 나타내는 표현입니다.

55 ⟩ I'll bite your head off!

화를 낼 거야!

아이가 미국 초등학교에 다녔을 때 일입니다. 아이 반에서 인근 Walker Creek 공원으로 야외학습을 하러 갔답니다. 따스한 4월 화창한 날이었습니다. California의 아름다운 꽃들이 만발하고 아이들의 웃음소리 드높습니다.

담임선생님인 Britz 선생님이 아이들에게 조별로 그룹 웍을 시켰는데요. 보니 Gabe와 Shaun이 집중하지 않고 둘이 잡담만 하고 있음을 발견한 Britz 선생님이 가만히 그들에게 다가가더니 한마디 하셨다고 하시네요.

"Gabe, did you finish your work?" ('Gabe, 과제 다 했니?')
Gabe가 'No' 하니 선생님이 다음처럼 말씀하셨어요.
"If you talk with Shaun again, I'll bite your head off."
그러자 주변의 아이들이 "와~" 하고 웃었습니다.

위의 말 그대로 해석해 보면 무시무시한 말입니다. "당신의 머리를 뜯어 먹을 거야." 설마 담임선생님이 그런 의미로 하지 않으셨겠지요. 이 표현은 숙어적인 의미로 '화가 난다'는 표현을 하는 것입니다.

이 표현은 특히 불쑥 예기치 않게 아무 이유 없이 화를 버럭 내는 것을 의미하지요. 예를 들어 회사에서 사장님이 특별한 이유도 없이 갑자기 버럭 화를 낸다면,

What's wrong with the boss today? I just tried to ask him a question, and he totally bite my head off!
사장님이 오늘 왜 그러시지요? 난 단지 질의를 한 것뿐인데 화를 정말 버럭 내시네요!

듣는 사람 입장에선 이유 없는 질책을 받은 경우이니 통상 황당한 상황이 될 것 같습니다. 예를 들어 뭔가 도움이 필요하지 않을까 하여 옆 동료에게 도움이 필요하냐고 물었는데 그 동료가 갑자기 기분 나쁘다는 듯이 화를 내면 황당하겠지요?

I just asked if I could help – you don't have to bite my head off!
내가 도움이 되는지 물은 것뿐입니다 – 당신이 내게 화를 낼 필요는 없다고요!

위의 야외학습 장면에서 초능 아이늘에게 담임선생님이 다소 과장되게 이야기 한 것이고요. 이를 알아챈 아이들은 함께 웃었습니다. 따스한 날 오래간만에 야외에서 선생님이나 학생들이 마음이 열린 상태에서 한바탕 즐겁게 웃었을 것 같습니다. 선생님이 Gabe에게 한 의미는 결국 'Shaun하고 또 이야기하면 내가 화를 버럭 낼 거야.'입니다.

bite 대신에 snap으로 대체하여 'snap your head off'로 해도 같은 의미가 됩니다.

You have no need to snap my head off. You can calm down and talk to me.
저를 쏘아붙일 필요가 없습니다. 진정하시고 제게 이야기해 주세요.

56 Don't feel under any obligation to do this

이것을 할 의무감을 느끼지는 마세요

　세계응용언어학회는 3년마다 한 번씩 열리는 세계적인 학술대회로 각 대륙을 순회하면서 개최됩니다. 2014년엔 호주 Brisbane에서 열렸는데요. 학술대회장님이 대회 1년 전쯤에 제게 2014년도 학술대회 홍보 브로셔를 보낼 테니 제가 회장으로 있는 한국응용언어학회의 회원들에게 나누어 달라고 부탁하는 메일을 제게 보냈습니다.

　그러면서 그분은 부탁하는 것이 조금 미안하다고 느꼈는지 왜 이런 부탁을 하는지에 대하여 부가적으로 이유를 설명하고 있습니다. 그런데 사실 저는 전혀 부담 없이 할 수 있는 일이었기에 그분이 미안해하실 필요가 없었지요. 오히려 저희 회원들에게 좋은 정보를 제공할 수 있으니 감사하다고 생각했습니다.

Please <u>don't feel under any obligation to do this</u>, but every year we get a number of Koreans attending the Congress. I thought it might be of interest to some of your members.

이것을 할 의무감은 느끼지 마세요. 그러나 매년 상당한 수의 한국인들이 이 학회에 참가한답니다. 저는 당신의 학회 멤버 중에 이 학술대회에 관심을 가질만한 분들이 계실 것으로 생각하였습니다.

obligation은 의무라는 뜻이고요, 'under an obligation to V'는 '~할 의무가 있다'는 의미입니다. 예를 들어서, I am under obligation to tell the truth.(나는 사실을 고할 의무가 있다.) 이는 'have an obligation to V'로 바꾸어 쓸 수도 있겠네요. 앞에 not을 붙여서 'not under any obligation to V' 하면 '~할 의무가 없다'의 의미이네요. 즉 위 이메일 내용에서 멤버들에게 브로셔를 나눌 의무는 없다고 하는 내용입니다.

연세도 매우 많으신 분이었는데 제게 깍듯하게 예의를 차리면서 부탁을 하는 것이 오히려 제가 미안한 마음이 들었습니다. 지금은 이분이 돌아가셨지만, 그 친절함과 자상함은 제 마음에 남았습니다.

'not under any obligation to V'를 'under no obligation to V' 이렇게 써도 동일한 의미인 '~할 의무가 없다'는 뜻입니다. 예를 들어서 Our client is under no obligation to accept your offer.(우리 손님은 당신의 제안을 받아들일 의무가 없습니다.) 대화 예를 보겠습니다.

Ⓐ May I help you?
도와드릴까요?

Ⓑ Well, I am just looking.
그저 보는 중입니다.

Ⓐ Sure, feel free to ask if you have questions. You are under no obligation
to buy anything.
문의가 있으시면 언제라도 편히 하세요. 손님은 어떤 것도 구매해야 하는 의무가 없답니다.

감칠맛 나는 맥락 영어 ──────────────── *Part.5*

은유에 깃든 영어

언어의 표현 방식 가운데 은유는 언어에 창조력과 활력을 불어넣어 줍니다.

상상의 나래를 펴서 언어에 은유를 품으면 의미전달의 폭이 넓어지고 사고의 깊이가 증대됩니다.

제가 경험했던 상황 가운데 은유로 더 풍성해진 영어를 묶어 놓았습니다.

57 Where are we?
우리 지금 어떤 관계이지요?

엠마 스톤과 라이언 고슬링이 주연으로 나온 La La Land는 L.A를 배경으로 한 뮤지컬 영화로 몽환적이면서 현실적인 느낌이 교차하는 재미있는 영화입니다. 이 영화에 '미아'라는 이름으로 나오는 엠마 스톤이 '스베스찬' 역할로 나온 라이언 고슬링에게 말한 대사 한 문장을 기억하고 있습니다.

자신들만의 낭만과 꿈을 좇는 아티스트로서 두 사람은 사랑에 빠지지만, 현실의 벽을 느끼게 되면서 둘 사이는 금이 가게 됩니다. 그 둘 사이의 관계는 미아의 오디션을 계기로 다시 이어지는 순간을 맞게 되는데요… 미아의 오디션 후에 둘은 그린피스 천문대 공원에서 만납니다.

그때 미아가 묻습니다. 'Where are we?' 이것이 무슨 말인가요? 미아가 묻는 것이 그들이 지금 있는 장소가 어디인지를 몰라서 묻는 것일까요?

미아의 의도는 물리적인 어떤 장소를 묻는 것이 아니라 지금 둘 사이의 관계가 어떤 상황이냐는 것이지요. 우리의 관계가 다소 주춤해 있는데, 지금 사랑하는 연인으로 계속 진행이 되는 관계인지 아닌지를 묻는 것이지요. 그 질문에 대해 스베스찬은 이렇게 대답을 합니다. 'We're just gonna wait and see.'(일단 흘러가는 대로 봅시다.) 각자의 길을 가야 할 운명을 예언하는 듯한 대답입니다. 그에 반해 미아의 답이 대비됩니다. 'I will always love you.'(당신만을 사랑할 거예요.) 다음은 실제 라라랜드에서 나온 대사입니다(중간 중간에 대사가 있습니다만 핵심만을 따 온 것입니다).

미아 Where are we?
우리가 어떤 관계이지요?

스베스찬 I don't know. We're just gonna wait and see.
몰라요. 일단 흘러가는 대로 봅시다.

미아 I will always love you.
당신만을 사랑할 거예요.

만약 연인과의 관계에서 what을 사용하여 'What are we?'라고 한다면 이는 둘의 정체성을 묻는 것으로 좀 심각한 질문입니다. 또 이런 것도 있네요, 학교 수업할 때, 선생님이 'Where were we?' 하시면 이는 지난번에 어디까지 했지요? 이런 의미입니다. 혹은 어떤 이야기를 하다가, 잠깐 다른 이야기로 갔다가 본론으로 돌아오려고 하는데 생각이 안 나는 경우에 'Where was I?' 혹은 'Where were we?' 할 때가 있습니다. 예를 들어,

Teacher : Where was I? I lost my place.
무슨 이야기 하고 있었지요? 내가 잊었네요.

Students : You had just described World War II.
2차 세계대전에 대하여 말씀하시고 계셨어요.

58 Rant and rave
크게 소리지르다, 난리법석이다

지난 학회에서 미국 캘리포니아에서 온 교수님과 이야기를 나눈적이 있었습니다. 자신이 살고 있는 동네에 Trader's Joe라고 하는 마트가 있는데 이 마트에 김밥이 들어왔다고 이야기하는 것을 들은 적이 있습니다. 한국에 몇 번 와 본 적이 있는 그 교수님은 한국 음식을 좋아하는 편이었기에 자신이 평소 다니는 마트에 김밥이 들어온 것을 흥미있게 생각하였고, Boston에 살고 있는 그 분의 딸도 김밥을 좋아한다고 하면서 이렇게 말했습니다.

My daughter who is out in Boston said that everyone is ranting and raving about Kimbap and that it's very good. 우리 딸이 보스턴에 살고 있는데 모두 김밥이 맛있다고 소리를 질러대요 (난리도 아니랍니다).

rant and rave는 (화가 나서) '고래고래 소리지르다'. '크게 고함치다'의 의미입니다. rant와 rave가 이렇게 합쳐서 쓰이는데요. 각 단어의 의미가 모두 비슷한 것으로 두 개가 합쳐졌으니 강조가 된 것으로 보면 되겠습니다.

통상 화가 났을 때 분개하며 소리 지르는 것으로 rant and rave로 쓰이는데요, 예를 들면 He began to rant and rave about the poor service at the restaurant, drawing the attention of other diners. 그는 다른 손님들의 이목을 끌면서 그 식당의 서비스 질에 대하여 불만하여 소리 질렀다. You've every right to rant and rave at unfair, and possibly illogical,

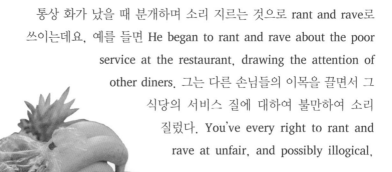

situations – most because of the decisions of higher-ups. 윗 상사들의 결정으로 인해 발생한 이 불공정하고 아마도 비논리적인 상황에 크게 소리 지를 모든 권리가 당신에게 있습니다.

그런데 예문처럼 긍정적인 의미로 흥분해서 열정적으로 난리법석을 치는 것도 rant and rave로 할 수 있겠습니다. 즉, 'She was ranting and raving about how good the movie was.' 영화가 하도 좋아서 흥분하여 소리질렀다

인터넷 기사를 보니 Trader's Joe에 김밥이 들어가 금방 완판되었다고 합니다. 아마도 냉동 김밥이었을 텐데요, 그럼에도 현지의 미국인들에게 이렇게 큰 반향을 일으키다니 기분 좋은 일임에 틀림이 없습니다.

59 Comfort zone
편안한 상태

　미국 연구년 중에 다니던 미국교회의 남성도회에서 Lake Tahoe로 수련회를 간 적이 있습니다. 3월이었음에도 눈 덮인 Lake Tahoe 지역은 눈에 폭 파묻힌 별장식 건물과 하얀 숲으로 인해 마치 동화 속의 그림 같기도 했습니다.

　남자들끼리 온 모임이어서인지 맨 처음엔 서먹서먹한 분위기가 감지됩니다. 서로 멋쩍은 눈웃음이 교환되었습니다. 특별히 저처럼 이방인인 경우에는 더더욱 위축되는 마음이 있었습니다. 다행히 첫 순서가 서로 인사하며 소개하는 시간이 있었는데, 새롭게 온 사람이나 오래간만에 온 사람들 중심으로 소개를 하게 되었습니다. 그중에 50대 중반 된 신사의 차례가 되어 나오더니 이렇게 이야기합니다.

It is always hard for me to get out of my comfort zone.
편안한 상태를 벗어나는 것은 늘 어렵습니다.

　여기서 'comfort zone'은 원래 직역하면 '편안한 구역' 혹은 '안락 구역'이라는 의미인데요, 가장 편안한 곳은 집일 것 같습니다. 그래서 집 밖으로 나오면 고생이라는 말이 괜히 나온 것은 아니겠지요. 찾아보니 comfort zone이라는 말은 온도에서 나왔다고도 하더군요. 인간이 가장 편안하게 느끼는 온도가 19도에서 26도 정도로서 춥지도 덥지도 않은 온도라고 합니다.

　그런데 comfort zone은 사실 물리적인 장소뿐 아니라 심리적인 면에서도 자주 쓰이는 용어로서 스트레스 없는 편안한 상태를 의미합니다. 함께 청중의 일원으로 앉아 있지 않고 많은 사람 앞에 나와 자신을 드러내는 것은 comfort zone에서 벗어난 상태입니다. 위 중년 신사의 의미는 이렇게 많은 사람 앞에 나와 이야기하는 것은 늘 어렵고 스트레스를 받는 것이라는 이야기이지요.

우리는 comfort zone에 있는 것이 안전하고 편안한 것은 사실이지만, 사실 인간의 진보와 발전은 대부분 우리의 comfort zone을 벗어나 outside my comfort zone에서 take a risk 즉 모험을 시도할 때 이루어진다는 것을 기억할 필요가 있습니다. comfort zone을 나와서 discomfort of uncertainty(불확실의 불편)을 감수할 때 결실을 보는 것이지요.

Stepping outside one's comfort zone is an important factor in personal growth.(편안한 상태를 벗어나는 것이 개인의 발전에 있어서 중요한 요소입니다.) 그래서 여러분에게 말씀드리고 싶습니다. "Get out of your comfort zone!"(당신의 편안한 상태에서 나오세요.)

어떤 이가 기존의 방법과 태도로 그저 그렇게 살아가려고 하는 이가 있는지요? 그때 조언자로서 옆의 그 친구에게 이야기하세요. 예를 들어,

Come on. You never change your life until you step out of your comfort zone.
자자, 편안한 상태에서 나오기까지는 당신의 삶은 변화가 없습니다.
Make sure that change begins at the end of your comfort zone.
변화는 편안한 상태 끝 언저리에서 시작됨을 명심하세요.

60 The physically challenged
신체적으로 도전을 받는 이들

우리의 인생살이에 문제가 있을 때 문제(problem)보다 도전(challenge)이라는 단어를 쓰면 긍정적인 맛을 느낄 수 있습니다. 어렵지만 한번 해보고자 하는 의욕도 생깁니다. 'It is a big problem.'하며 낙망하기보다 'It is a big challenge.'이거나 혹은 'It is challenging.'이라고 말하면 어려움 속에도 희망이 담긴 말이 됩니다. 'challenge'는 '도전 혹은 (해볼 만한)과제, 난제'를 의미하는데 형용사 꼴인 'challenging'은 '도전적인'의 뜻 이외에도 '해볼 만한'의 의미가 있습니다.

혹시 신체가 불편한 장애우들을 영어로 어떻게 표현하는지 알고 계십니까? 만약 'the disabled'나 'the handicapped'로만 알고 있다면, 더 나아가 'the physically challenged(신체적으로 도전을 받고 있는 사람들)'을 꼭 기억했으면 합니다. 이것이 예의를 갖춘 것일 뿐만 아니라 긍정적인 시각입니다. 우리도 '장애자→장애인→장애우'로 점점 괜찮은 표현을 사용해가는 것처럼 영어에도 그런 흐름이 있는데, 이런 흐름에 잘 맞추어 언어를 사용해야 글로벌 지구촌 시민으로서의 매너를 지킬 수 있지 않을까 생각됩니다.

예를 들어 Hearing aids for the physically challenged는 장애우용 보청기를 의미합니다. 'All parts of the sports complex are fully accessible to the physically challenged.'(스포츠 시설의 모든 구역은 장애우분들에게도 접근이 가능하게 되어 있습니다.) 즉, 장애우들도 모든 시설이용이 가능하다는 이야기이지요.

미국 유학 중, 장애우용 주차 칸에 주차해서 티켓을 받은 어떤 유학생이 무안한 나머지 경찰관에게 이렇게 말했답니다.

I'm not physically challenged. But I am linguistically challenged and I thought I could park here.
저는 신체적인 도전은 받지 않습니다. 그러나 언어적으로 도전을 받는 장애우이기에 이곳에 주차해도 되는 줄 알았습니다.

유학생으로서 영어에 늘 시달리며 도전받는 삶이다 보니 자신이 언어적인 장애우로서 이곳에 주차해도 되지 않느냐는 의미입니다. 나름대로 재치 있는 항변이었으나 티켓을 받고 말았네요, 하하.

'emotionally challenged'라는 말도 쓰이는데요. 감정적인 손상을 입은 사람을 의미합니다. 엄청난 충격을 통해 손상을 입은 상태를 의미하는데요. 그리하여 쉽게 자신을 컨트롤할 수 없고 자신의 감정을 제대로 표현하지 못하는 지경에 이르게 되지요.

Call center 상담원이 감정노동(emotional labor)을 하는 대표 격일 것 같습니다. 2019년, 미 ABC방송에 따르면 Call center 상담원에게 가장 힘든 손님은 모욕적이고 까다롭게 구는(abusive and difficult) 손님이라고 조사한 바 있습니다. 감정노동자가 받는 스트레스는 매우 클 텐데요. 특별히 ABC는 이렇게 보도합니다.

Remaining cheerful may be especially challenging in the face of clint aggression.
폭력적인 손님들을 상대할 때 상담원이 생기를 유지하는 것은 특별히 큰 도전입니다.

 **Sink in**
충분히 이해되다

미국에서 오랜만에 겨우 시간을 맞추어 아이들과 함께 가보고 싶었던 국립공원에 가기로 하였습니다. 아침부터 부산을 떨며 준비하고 출발하였는데요. 3시간을 달려갔는데… 아뿔싸! government shutdown이라 국립공원이 문을 닫았습니다. 닫혀있는 게이트에 마침 한 스텝 요원이 있기에 달려갔습니다. 3시간을 달려왔는데 들어갈 수 없느냐고 묻고 또 물었지만 그럴 수 없다는 말이 돌아왔습니다. 서비스 요원들이 출근을 하지 않아 방문객들이 들어갈 수 없다고 했습니다. 우리 같이 이 상황을 모르고 달려와 게이트 앞에서 난감해 있는 다른 방문객들도 문을 열어달라고 요청해 보았는데요… 고개를 흔들며 그 스텝 요원이 이야기합니다.

How many times do I have to tell you this before it sinks in?

여기서 'sink in'의 의미가 무엇일까요? sink라는 의미는 동사로 '가라앉다', 혹은 명사로 부엌에 있는 '싱크대'를 의미합니다. 여기서 sink in은 은유적으로 쓰이는데요, '이해되다', '인식되다' 등등으로 쓰입니다. 마치 물이 가라앉는 것처럼 새로운 지식이나 믿기지 않은 사실이 사람들의 마음에 잘 스며드는 모양을 느낄 수 있는 표현입니다. 그러면 위 스텝 요원의 의미는 "충분히 이해되시기까지 제가 몇 번을 말씀드려야 하는지요?"가 되겠습니다.

어떤 정보가 우리 눈이나 귀를 통해서 들어와 결국 우리 마음에 안착되어야 후에 살아있는 지식이 될 텐데요, 어떤 정보가 우리 마음에 스며들어 잘 안착되는 모습이 그려지는 숙어가 바로 sink in이지요.

그런데 사실 어떤 정보가 우리 마음에 안착하려면 먼저 그 정보를 우리가 '의미 있는' 즉 meaningful한 것으로 이해해야 합니다. 다시 말하여 새로운 정보가 기존의 지식과 연결된 의미 있는 것이어야 한다는 것입니다. 이를 Ausubel은 'meaningful learning'이라고 하였는데요. meaningful learning 방법은 오랫동안 기억하는 데에 탁월한 효과가 있습니다.

제가 고2 때, 영어 선생님이 imagine(상상하다)이라는 단어를 가르쳐주시면서 발음이 '이매진'으로 된다면서 우리가 당시 잘 아는 당시 청춘스타 '임예진'을 상기하라고 하신 말씀을 기억합니다. 이미 알고 있는 정보 '임예진'에 imagine 발음을 연결하니 의미 있는 연결이 되어 그 단어는 후로 잊을 수가 없게 되었지요. meaningful learning의 한 예로서 sink in(충분히 이해되다)의 한 방법으로 좋은 것 같습니다.

sink in을 이용한 예문입니다.

Let that amazing truth sink in.
그 놀라운 사실이 인식되도록 합시다.

He paused to allow his words to sink in.
그는 자기 말이 충분히 이해되도록 잠시 말을 쉬었습니다.

새로운 정보를 기존의 지식과 연결하세요. 그러면 그 새 정보는 잘 스며들어 sink in, 즉 안착할 것입니다.

Anybody wants to go out with me?
나와 데이트할 사람 있나요?

유학 가서 학기가 아직 개강하기 전, 외국인 유학생들을 위한 오리엔테이션이 있었습니다. 담당자가 수강 절차는 물론 미국 교실 수업 분위기, 학습전략, 학내 여러 서클, 학교 식당 및 서점 등등 이제 막 도착한 외국인 유학생들에게 유용한 대학 생활의 이모저모를 안내해주었습니다.

피부와 말이 서로 다른 외국 유학생들은 몇 그룹으로 나누어 큰 동그란 테이블에 앉았는데 약간의 긴장 그리고 어색한 웃음과 함께 자기 나라 말 억양이 섞인 영어를 쓰면서 간간이 이야기를 나누었습니다. 서로 다른 여건에서 자라 드디어 이곳 미국에 공부하러 온 이들의 표정에서 모두 긴장감과 설렘을 동시에 안고 있음을 역력히 읽을 수 있었습니다.

스태프로 일하는 미국 학생이 나와 미국대학의 여러 특성을 이야기하면서 안내를 하고 후에 질의응답 시간이 있었습니다. 어느 유럽에서 온 유학생이 질문하였는데 내용은 학내의 이성 교제 등에 대한 것으로 기억이 됩니다. 그러자 이 미국 학생이 미국의 데이트문화

등을 소개하면서, 데이트 신청을 한 후 상대측이 승낙하면 통상 교제할 수 있다고 답을 하였습니다. 그러면서 공개적으로 "Hey, anybody wants to go out with me?"하면서 씩 웃습니다. 그러자 참석한 유학생들이 '와~'하고 웃었습니다.

'go out with'는 '~와 외출하다'의 직역이 가능하지만, 통상 '~와 데이트를 하다'의 의미로 쓰임을 주의해야 합니다. 예를 들면, 'She agreed to go out with me.'(그녀는 나와의 데이트를 응해주었다.) 'He was seventeen when he started going out with girls.'(그가 여자아이들과 데이트하기 시작한 것은 열일곱 살이었다.) 이렇게 쓰이지요. 그 미국 학생이 "나하고 데이트하고 싶은 사람 있나요?"하고 크게 외치니 한바탕 웃음이 터진 것이지요.

하나 더. 어느 coffee shop에 홀로 앉아있는 여성에게 마음이 끌린다면 어떻게 작업(?)을 시작하는지 아시나요? 외국영화를 보면 이런 장면이 자주 나오지요. 이때 하는 작업 멘트를 pick up lines라고 합니다. 단순히 'Excuse me, do you have a minute?'(실례합니다만 잠깐 시간 있나요?) 이 정도로만 알고 있으면 안 되지요. 덧붙여 다음 멘트가 나와야지요.

예를 들면, 'Are you a magician? Because when I look at you, everyone else disappears'(혹시 마술사인가요? 당신을 볼 때 다른 사람들은 안 보여요.), 'Did it hurt when you fell from heaven?'(하늘에서 (천사로서)떨어질 때 아팠나요?), 'Do you have a map? I'm getting lost in your eyes.'(지도 가지고 있나요? 당신의 눈에 빠져 길을 잃었어요.) 등등을 첨가하면 어떨지요? 혹은 보다 더 적극적으로, 커피숍을 나가는 상대방의 뒤를 쫓아가면서,

Can I follow you home? Cause my parents always told me to follow my dreams.
집에 따라가도 되나요? 왜냐하면 우리 부모님이 늘 내 꿈을 쫓으라고 하셨거든요.

용기 있는 자가 미인을 얻는다는 말이 있습니다. 'None but the brave deserve the fair.'용기를 내세요!

63 Downtown is brimming with holiday cheer

시내는 휴일의 활발한 기운으로 차고 넘쳤습니다

미국의 연말 분위기는 사실상 11월 말 추수감사절(Thanksgiving Day, 11월 넷째 주 목요일) 연휴가 끝나자마자 시작이 된다고 해도 과언이 아닙니다. 제가 카투사 시절, 추수감사절이 끝나고 12월이 되면 근무 시간을 조정하면서 하루 일하고 하루 쉬고 혹은 일주일에 2~3일 일하고 2~3일 쉬는 연말 분위기로 돌입하는 것을 보았습니다.

연구년으로 California에 있을 때도 보니, 추수감사절이 끝나니 백화점이나 거리의 상점은 바로 크리스마스 분위기로 들어가더군요. 12월 초 Davis 지역의 신문에 헤드라인으로 크게 다음의 문구가 장식되었습니다.

Downtown is brimming with holiday cheers.
시내는 휴일의 활발한 기운으로 차고 넘쳤습니다.

이 헤드라인은 시내의 대형 크리스마스 트리 점등식을 보여주는 사진과 함께였습니다. brim은 원래 명사로 컵이나 사발의 끝부분 혹은 모자의 챙을 일컫는 말입니다. 다음과 같은 예에서 보듯이요.

She poured the cream until it reached the brim.
그녀는 크림이 컵 위까지 가득하기까지 부었다.

He touched the brim of his cap by way of salute.
그는 모자챙을 경례하듯이 만졌다.

그런데 brim은 동사로도 쓰여서 '~으로 가득 차다'는 의미로도 쓰입니다. 즉 컵의 맨 위 끝부분에 물이 가득 차 넘실대는 것을 연상하면 좋겠습니다. 통상 brim은 'with'와 함께 잘 쓰입니다. Her eyes brimmed with tears. 이 문장의 뜻은 '그녀의 두 눈엔 눈물이 그렁그렁했다.'는 의미인데요. 눈에 가득 고인 눈물이 흘러넘칠 것 같은 모습을 묘사합니다. 그리하여 위에 언급된 헤드라인 'Downtown is brimming with holiday cheer.'에서는 '시내는 휴일의 활발한 기운으로 가득 넘치다'의 의미가 됩니다.

다음 예문에 오랜만에 아빠를 보면 눈물이 고여 넘칠 것이라고 말합니다.

My father is a navy officer and he has been away from home for six months. He will come home next week. When I see him, my eyes will brim with tears.

아빠는 해군 장교이신데요 6개월간 집을 떠나 계셨지요. 다음 주에 오십니다. 아빠를 보면 제 눈에 눈물이 그렁그렁할 거예요.

또 은유적으로도 쓰여서 '행복이 혹은 자신감 등등이 넘치다'의 표현도 가능하네요. 예를 들어 Her heart was brimming with happiness.(그녀 마음은 행복으로 가득 찼다.) 혹은 The team were brimming with confidence before the game.(경기 전에 그 팀은 자신감에 넘쳐 있었다.)

흘러 '넘치다'의 의미가 더 강하게 되도록 중간에 over를 넣는 경우도 있습니다. 예를 들어,

Her heart was brimming (over) with happiness.
그녀의 마음은 행복으로 가득 찼습니다.

Mike's recent triumphs have left him brimming (over) with confidence and energy.
마이크의 최근의 승리는 그에게 자신감과 에너지가 충만하게 했습니다.

64 Can I just walk in?
그냥 가도 되나요, 예약 없이?

　제가 미국 유학 중인 90년대 초반에 미국에선 이발소 갈 때도 예약해야 하는 것을 보고 신기하다고 여긴 적이 있습니다. 이제 한국에서도 예약문화가 많이 정착되어가고 있음을 봅니다만, 그때 미국에서 동물병원에 갈 때나 놀이공원에 갈 때도 예약을 미리 하는 것이 신기했었지요. 실제 예약해서 가면 할인해 주는 곳도 많으니 예약은 기다릴 필요 없이 시간 절약은 물론 비용을 절약하는 방법이기도 하지요.

　그런데 살다 보면 급히 예약하기가 어려운 상황이 있는데요. 바로 미국에서 병원을 이용하는 것이 너무 불편하더군요. 제가 비염으로 답답해서 병원에 바로 가도 되는지 물어 보니 예약을 하라고 하더군요. 열흘 후에 오라고 합니다. 그때가 예약 가능한 가장 빠른 날이라면서요. 지금 당장 가고 싶은데 그럴 수 없어 참 난감했습니다. 그렇다고 비염은 응급실에 갈 만한 것도 아니어서 꼼짝없이 기다릴 수밖에 없지요. 한국엔 그저 어느 동네 이비인후과더라도 쓱 들어가서 치료를 받으면 되니 얼마나 편한지요. 보험으로 처리되니 저렴하기도 하고요. 의료서비스만큼은 한국이 최고입니다.

　'예약할 수 있는지요?(Can I make a reservation?)'의 표현은 많이 배웁니다만, 예약 없이 '그냥 바로 들어갈 수 있는지요?'의 표현은 잘 모르는 경우가 많습니다. 서양이 예약문화이긴 하지만, 드물지만 상황에 따라 때때로 예약 없이 그냥 가도 될 때도 있는데요. 주로 공급보다 수요가 적은 곳입니다. 예를 들어 한적한 동네의 소규모 식당인 경우가 그런 곳일 텐데요. 예약 없이 그냥 가도 되는지 미리 전화로 물어볼 때, walk in이라는 말을 씁니다. 'Can I just walk in?' in이 있어 어느 장소 '안으로' 걸어 들어가다의 의미가 눈에 보이네요. 이 말은 앞에 통상 just를 잘 쓰는데요. 이 말로 인해 '그냥'이라는 어감도 확 살아납니다.

'Can I just walk in?'이라는 말 앞에 다음의 말과 같이 쓰는 경우가 많습니다. 'Is reservation a must?'(예약은 필수인가요?) 참고로 여기서 must는 명사로 쓰여 '꼭 해야만 하는 것'이라는 의미로 쓰였습니다. 전체적으로 'Is reservation a must or can I just walk in?', '예약을 반드시 해야 하나요? 혹은 예약 없이 그냥 가도 되는지요?' 이렇게 쓰입니다. 그러자 점주가 때로는 이렇게도 말할 수도 있겠지요. 'We accept reservation and walk-ins.' 둘 다 가능하다고 하네요. 어떤 식당들은 주 중엔 예약제로 운영하고 손님이 많이 몰리는 주말엔 예약을 받지 않는 경우도 있지요. 예약을 받지 않는 식당이라고 할 때는 'a restaurant with walk-in seating only'가 되고요. 그런 경우엔 'First Come, First Served Policy'(선착순 방침)를 시행하는 식당인 것이지요.

walk in을 명사처럼 활용할 수도 있는데요, 그럴 때는 중간에 하이픈을 넣게 됩니다. walk-in 이렇게요. 예를 들어 어느 소아청소년과의 인터넷 FAQ 게시판에 올려있는 글입니다.

Q: If I have an emergency, can I just walk in and be seen?
응급상황이면 그냥 예약 없이 가서 의사 선생님 볼 수 있는지요?

A: As a rule, we discourage walk-in visits.
일반적으로 우리는 예약 없이 오시는 것을 장려하지 않습니다.

Stuck in a rut
타성에 젖다, 매너리즘에 빠지다

독창적으로 일을 하지 않고 그저 부과된 일만 소극적으로 하는 타입의 사람들이 있습니다. 변화에 대한 갈망이 없이 마치 다람쥐 쳇바퀴 돌듯 진부한 생활 자세를 가지고 일을 하기에 본인에게 일이 흥미도 없고 발전도 없는 상태가 됩니다. 우리는 이런 경우에 'mannerism에 빠졌다' 혹은 '타성에 젖었다'라고 이야기합니다.

원래 매너리즘(mannerism)이란 어떤 문학, 예술 창작 등 예술적인 표현에서 독창적이지 못하고 평범하며 신선함이 소외된 것을 말하는데요. 이탈리아 1500년대 르네상스의 후기에서 시작해서 1600년대 바로크가 시작하기 전까지 지속된 유럽 회화, 조각, 건축 등의 정형화된 분위기에서 나온 말이지요.

그런데 '타성에 젖었다'는 의미로 매너리즘이라고 말하면 원어민은 우리가 의도하는 바대로 이해하지 못합니다. 그들은 그렇게 안 쓰기 때문이지요. 미국 연구년 때 저를 초청해 주신 교수님과 이야기 나누다가 'They fall into mannerism.'이라고 이야기하였는데 교수님이 이해를 못 하시더라고요. 그럼 어떤 표현을 써야 할까요?

바로 'stuck in a rut'입니다. rut은 바퀴 자국을 의미합니다. 그러니까 '바퀴 자국에 박혀있다' 이니 옛 습성을 그대로 가지고 변화하지 않으려는 현상, 즉 타성에 젖어있는 것을 말하고 있습니다. 회사에 온 지 일 년 된 사람이 벌써 타성에 젖어있다면,

He has been in the company for only one year and already seems to be stuck in a rut.
그는 한 해만 이 회사에 있었는데도 이미 타성에 젖은 듯 보입니다.

타성에 젖어있음을 자각하면 빨리 빠져나올 묘책을 찾아야 하겠는데요.

Are you stuck in a rut? Here are some tips to get out of a rut.
당신은 타성에 젖어있나요? 타성으로부터 탈출할 방법이 있습니다.

먼저 'Acknowledge the problem'(문제를 인정하라)부터 겸손하게 시작하면 좋겠습니다. 이를 통해 문제를 직면할 수 있고 다음 단계로 나아갈 수 있지요.

'stuck in a rut'와 비슷한 표현으로 'go with the flow'가 있습니다. '물결 따라 흐른다'라는 의미이니 자신의 주장이나 의견 없이 '대세에 영합한다'는 의미로 쓰입니다. 혹은 '어떤 상황을 파악하지 못해 그저 굴러가는 대로 지켜본다'는 의미도 있습니다.

I wasn't very keen on the decision but it was easier just to go with the flow.
나는 그 결정을 그리 좋아하지는 않습니다. 그러나 물결대로 따라감이 더 쉬울 것 같습니다.

혹시 타성에 젖어 소극적인 인생을 사는 자신의 모습을 최근 발견하셨나요? 먼저 자신의 그런 태도를 인정하세요. 그래야 해결책이 보입니다.

Hey, you seem to be stuck in a rut. You can't get out of a rut if you don't acknowledge you're in one. You'd better address it first.
여보게, 당신은 타성에 젖어있는 듯 보여. 그에 빠져있음을 인정하지 아니하면 타성에서 빠져나오기 어려워. 당신은 먼저 그 문젯거리에 관심을 둠이 좋을 것 같아.

Chill
릴랙스하다, 편히 쉬다

미국에 있을 때 다녔던 California의 교회에서는 남성들을 위한 모임이 토요일마다 있었습니다. 통상 아침 일찍 모여 간단하게 성경 말씀 나누고 이후에 함께 간단한 식사를 했습니다. 어떤 날은 저녁에 모여 자녀들도 함께 참여하여 영화를 보기도 했는데요. 담당하는 분으로부터 다음의 이메일이 왔습니다.

We'll be sitting down to watch "Ant-Man" (rated PG-13). This would make a great evening out for any guy who just wants to chill. Spread the word and feel free to bring your friends and neighbors!

여기서 chill이라는 단어를 썼는데요. 'chill하기를 원하는 이들은 오라' 했습니다. chill이 무슨 의미인가요? 통상 chill 하면 '냉기', '차가움', '오한'을 의미하지만 '느긋한 시간을 보내다'의 뜻도 있습니다. chill 하기를 원한다는 말은 느긋하게 쉬기를 원한다는 말입니다. 우리말에도 열기를 '식힌다'라는 말이 있지요? 뜨거운 열기를 가라앉히고 편하게 쉬는 것을 연상하시면 되겠습니다. chill은 '편히 하다', '릴랙스하다'의 의미입니다. 예를 들어,

We went home and chilled in front of the TV.
우리는 집에 가서 TV 앞에서 편히 쉬었다.

앞의 이메일 내용에서 PG는 무엇일까요? PG는 Parental Guidance의 앞 철자만 따 온 것으로 영화 등급 중 하나입니다. 부모님의 지도 아래 볼 수 있는 영화라는 의미이고요. PG-13은 부모님 지도하에

13세 이상의 청소년에 관람이 허가된 영화를 의미합니다.

이메일 의미는, '우리는 Ant-Man(PG-13등급)을 보게 됩니다. 이것은 단순히 편히 쉬고자 하는 이들에게 근사한 저녁 행사가 될 것입니다. 이것을 퍼뜨려 주시고 친구나 이웃과 함께 와도 좋습니다.' 편히 '쉬다'라는 의미의 'chill'이 들어간 다음 대화 예문을 보겠습니다.

A When is the due date?
마감일이 언제이지요?

B It is Monday next week.
다음 주 월요일입니다.

A What? We need more time.
뭐라고요? 우리는 시간이 더 필요한데요.

B Chill. You've got a whole week to do it. There is no hurry!
편히 하세요. 그것을 할 한 주 내내의 시간이 있습니다. 서두르지 않아도 됩니다.

chill은 추움이라는 의미에서 발전하여 '오싹한 느낌'의 의미도 있습니다. a chill of fear하면 '공포에 오싹해지는 기분'이지요. She felt a sudden chill at the thought of the dangers he faced.(그녀는 직면했던 위험을 생각하니 갑자기 오싹해졌다.) 또 chilly하면 형용사로서 '쌀쌀한', '냉랭한'의 의미이지요.

아래 비슷하면서도 조금 다른 뉘앙스를 가진 단어들을 한번 보세요. 추움의 정도를 강도가 여린 것부터 놓으면 다음과 같아요.

cool (기분 좋게)시원한 ⋯ chilly 쌀쌀한 ⋯ cold 추운 ⋯ freezing(영하의, 꽁꽁 얼 정도로)추운

He lobbed the ball in Kim's court

그는 공을 김(정은)의 진영으로 넘겼다

2018년 첫 북미정상회담을 앞두고 기 싸움이 치열할 때였지요. 북한의 막말 수준의 메시지가 북한 외무부 성명으로 나오자 트럼프 대통령이 이런 분위기 속에선 회담할 수 없다며 회담 개최를 취소한다는 편지를 북한으로 보냈지요. 그러면서 편지 말미에 '북한이 마음을 바꾸어 회담 개최를 원한다면 망설이지 말고 전화하거나 편지를 쓰라'고 이야기하고 있지요. 트럼프도 취소 편지를 보내긴 하지만 사실 회담 개최를 원하고 있음을 은연중 드러냈고 답을 기다리겠다고 신호를 보낸 것이지요. 그래서 공은 북한으로 넘어갔습니다.

이 뉴스가 나오던 날 아침 경영학부의 외국인 교수님과 우연히 출근 지하철역에서 만났는데요. 이분이 그러시네요.

Now, Trump lobbed the ball in Kim's court.

lob은 '공중으로 높이 완만하게 던지다'의 의미입니다. 축구에서 우리 편 후방에서 상대편 깊숙이 높이 찔러 넣어주는 볼을 로빙 볼 (lobbing ball) 이라고 하지요? 즉 축구 경기에서 공을 상대 선수의 키를 넘겨 뒤로 넘어가도록 차는 것을 의미하는 것이지요. 로빙숏도 있지요. 앞으로 나와 있는 골키퍼 키를 넘겨 골대로 숏을 하는 것을 의미합니다. court는 테니스나 배구 등을 하는 경기장, 코트를 의미하지요. Kim's court는 김정은의 경기장 진영을 의미합니다.

그러면 외국인 교수님이 하신 말씀은 '자, 이제 트럼프가 공을 김(정은)의 진영으로 넘겼군요.'라는 의미입니다. 우리가 종종 '공은 이제 저쪽으로 넘어갔다'고 하지 않습니까? 바로 그런 의미이지요. 예문을 보겠습니다.

It's awesome that the player skillfully lobbed the ball over the defender's head. He is just like Ronaldo! I am a big fan of this guy.
저 선수가 수비선수의 머리 위로 공을 넘긴 것이 놀라워요. 마치 호날두 같아요. 전 저 선수의 광팬입니다.

lob이 '던지다'의 의미가 있다고 했는데요. 비슷한 의미의 단어들이 여럿 있습니다. throw, cast 등등이 그것들인데 의미가 서로 살짝 차이가 있습니다.

이 가운데 lob은 언급된 대로 위로 꽤 높이 던지는 것에 딱 맞는 단어입니다. 예를 들어, 'They were lobbing stones over the wall.'(그들은 담 너머로 돌멩이를 던지고 있었다.) 그렇기에 일반적으로 '~에게 던지다'의 의미로는 lob을 쓰지 않고, throw를 씁니다. 'She threw the book angrily at him.'(그녀는 화가 나서 책을 그에게 던졌다.)

특별히 선거에서 '투표하다' 혹은 '그물은 던지다' 할 때도 throw 혹은 cast를 쓰기도 합니다. 예를 들어 I'll cast a vote for him.(나는 그에게 투표할 거예요.) 그럼 시선을 던지다는 어떨까요? turn이나 throw를 씁니다. 'He turned his eyes upon the lady over there.'(그는 저기 너머에 있는 여인에게 시선을 던졌습니다.)

68 What's cooking?
무슨 꿍꿍이인가요?

90년대 유학 시절에 미국의 대학교에서 일해본 경험이 있습니다. 박사과정 학생에게는 일자리로 다양한 형태로 주어지는 기회가 있었습니다. 통상 GA(Graduate Assistant)로 불리었는데요. 주당 12시간 정도 일을 하였습니다. 등록금이 면제되고 생활비로 그 당시 월 800불을 주었기 때문에 재정적인 압박을 받는 유학생에겐 참 좋은 기회였습니다.

제 전공 자체가 교육과 밀접했기에 저는 교육 관련된 일을 할 기회가 있었습니다. 그 중 하나가 Curriculum Center라는 곳이었는데요. 이곳은 미국의 초중고의 각급 학교에서 공부하는 검인정 교과서를 모아놓은 도서관의 기능을 하는 곳이었습니다. 저는 미국의 초.중.고에서는 어떤 교과서로 공부하는지 그 내용은 어떤지 틈이 있을 때마다 살펴볼 기회가 있었습니다.

그 Center의 소장은 유대인이었는데 매우 깐깐한 중년의 여성이었습니다. 잠시 짬을 내어 우리 GA들이 모여 수다를 떨라치면 멀리서 달려와 'What's cooking?' 하곤 했습니다.

처음엔 순간 이 말이 무슨 말인가 했지만, 맥락으로 곧 알아차릴 수 있었습니다. 직역하면 '무엇이 요리되고 있는가?'의 의미인데요. 통상 '무슨 일인가?', '무슨 뉴스라도 있는가?'의 뜻으로서 'What's going on?' 'What's happening?' 등으로 대치할 수 있습니다.

비격식의 의미로 쓰인다면 '꿍꿍이가 진행 중이다' 이렇게도 해석이 될 수 있습니다.

Hum… they are being very secretive—there's something cooking.
흠… 그들이 너무나 비밀스러워요.–뭔가 꿍꿍이가 있는 중이네요.

GA들이 일하지 않고 떠드는 것에 대해 이 소장은 조금도 틈을 주지 않는 것 같아 마음이 불편하게 느껴졌는데요… 사실 잠깐 모여 떠들더라도 더욱 창의력을 가지고 일할 수 있는 분위기가 생길 수도 있건만, 그때 그 시절 그 중년 여성의 입장에선 모여서 수다 떠는 대학원생 알바 직원들의 태도가 마음에 안 들었던 것 같습니다. 후에 직장에서도 이런 분을 boss로 만나면 쉽지 않겠다 싶었습니다.

직장에서 점심을 먹고 들어왔는데, 동료들이 모여 웅성웅성하며 음모(?)를 꾸미고 있다는 것 같으면 이 말을 써 보세요. 'What's cooking?' 유머가 느껴지는 구어체로서 아주 잘 쓰이는 말입니다. 대화 예를 보면,

🅐 Hey, what's cooking in here?
헤이, 무슨 꿍꿍이들인가요?

🅑 What's wrong with you? Nothing is going on.
자네 무슨 일 있나? 여긴 아무 일도 없다네.

🅐 Come on. I can see you all look guilty.
그러지 마세요. 당신들 모두 얼굴에 죄의식이 느껴져요.

Is that on the back burner now?

그것은 지금 뒤로 제쳐 둔 상태인가요?

테솔전문교육원장의 보직을 맡아 일할 때입니다. 당시 참신하고 실제적인 테솔 교육을 위해 커리큘럼 변경을 꾀하고 있을 때였습니다. 그중에 하나가 그동안 비정규 과목으로 몇 시간만 할당되었던 '영어평가(English Language Testing)'과목을 정규과목으로 변경하는 작업이었습니다. 그리고 이왕 변경하는 김에 덧붙여 '멀티미디어를 활용한 영어교육(Multimedia in English education)' 과목도 새로이 정규과목으로 변경하고자 했습니다.

추가 신설되는 그 두 과목의 신설계획을 외국인 교수님께 이메일로 알려드렸는데요, 특별히 '멀티미디어를 활용한 영어교육'의 개설 시급성을 강조했더니 복도에서 우연히 만난 원어민 Jimmy 교수님이 제게 와 이야기합니다.

I had assumed that you would be playing around with Language Testing next semester. Is that on the back burner now?(다음학기에 원장님이 언어평가 과목을 생각 중이라고 여겼었는데요, 그것은 지금 보류 중인가요?)

'영어평가' 전공인 Jimmy 교수님은 내심 영어평가 과목의 신설을 기대하였는데 '멀티미어를 활용한 영어교육'의 시급성이 강조된 제 이메일을 읽고 한 이야기입니다. 'back burner'라는 의미는 뒷순위 혹은 보류의 의미가 있습니다. 그리하여 'on the back burner' 하면 '뒤로 제쳐 둔', 혹은 '보류된'의 의미이지요.

그러므로 Jimmy 교수님이 제게 와 말씀하신 내용의 의미는 원장인 제가 영어평가 과목을 생각하고 있는 줄 알았지만 보니 보류 중인 것이냐고 확인하는 내용입니다.

back burner를 이용한 잘 쓰이는 숙어, 'put A on the back burner'는 'A를 뒤로 미루다'의 뜻이 됩니다.

We will have to put the plan on the back burner for a while.
우리는 이 계획을 한동안 보류해야만 합니다.

She decided to attend Harvard, where she would study political theory and put her acting career on the back burner.
그녀는 하버드를 다니기로 결정했어요, 그곳에서 정치이론을 공부할 것이고 연기경력 쌓는 일은 보류할 겁니다.

아래 대화 예를 보면,

🅐 Anyone knows when we are going to restart to discuss find dust?
우리가 언제 미세먼지에 대해 논의 재개하는지 아는지요?

🅑 After months on the back burner, the debate is finally beginning within the next week.
몇 달간 보류된 이후, 최종적으로 다음 주 이내로 재개됩니다.

🅐 Really? I hope this time we will come up with practical suggestions for improving air pollution.
정말요? 이번엔 공해를 개선하는데 실제적인 제안이 나오기를 기대합니다.

'뒤로 제쳐두다'의 의미로 'postpone', 'put off' 혹은 'shelve'를 쓸 수도 있습니다. 이 중 'shelve'는 '선반에 두다'의 의미로부터 '보류하다'의 의미가 되는데 재미있는 표현입니다. 예를 들어, I've had to shelve my plans to buy a new car, because I can't afford it at the moment.(나는 새 차를 사려는 계획을 보류해야만 합니다. 왜냐면 여유가 없기 때문입니다.)

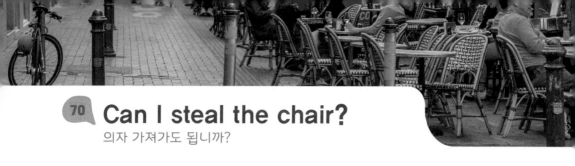

70 Can I steal the chair?

의자 가져가도 됩니까?

박사과정 막바지 시절, 따스한 햇볕이 드는 어느 오후였습니다. 학교 내 스타벅스 창가의 테이블에 홀로 앉아서 논문 준비하고 있는데, 어떤 학생이 제게 와서 나지막이 속삭입니다.

Can I steal the chair?

의자를 훔쳐도 되냐고요? 순간 제가 당황했습니다. 우리가 통상 steal하면 '훔치다'라는 의미로 알고 있습니다. 즉, 소유주 허락 없이 가져가는 것을 의미합니다. 그런데 이 경우는 제가 앉아 있는 테이블의 의자를 제게 허락을 구하고 가져가는 것이니 엄격하게 말하면 훔치는 것은 아니지요. 그렇다면 이때의 steal은 어떤 의미일까요?

steal엔 어떤 물건을 '살며시(은밀히) 움직이다'의 의미도 있습니다. 주로 away, from, in, into 등등의 단어와 함께 잘 쓰입니다. 예를 들어 They stole the bicycle into the bedroom to surprise the child. 아이를 놀라게 하기 위해 침실로 슬며시 자전거를 들여놓았다. 그러니까 위 스타벅스에서 그 학생의 의미는 제게 허락을 받는 것이니 훔치는 것이라기보다는 의자를 슬쩍 움직여 가져가도 되겠냐는 의미입니다.

Can I steal the chair? 재치 있는 표현입니다. 어느 공공장소에서 의자가 부족할 때, 다른 곳엔 의자가 빈 것이 많아서 가지고 오려고 한다면 말없이 그냥 가지고 올 것이 아니고 이 표현을 사용하면서 씽긋 웃어준다면 문제없이 부드럽게 양해해줄 것입니다.

steal은 '살며시(은밀히) 움직이다'라는 뜻 가운데, 목적어 없이 자동사로도 자주 쓰입니다. 예를 들어서

She stole out of the house at midnight.

그녀는 자정에 조용히 집을 나갔다.

The burglar stole away from the back of the house before anyone saw him.

강도는 누가 그를 보기 전에 집 뒤에서 살며시 빠져나갔다.

While Sara wasn't looking, I stole across the hall to make a call.

Sara가 보지 않는 동안에 나는 전화를 하러 홀을 살며시 가로질러 갔다.

또는 어떤 feeling이 우리에게 서서히 느껴질 때도 steal을 쓸 때가 있습니다.

I felt a warm deep pleasure steal over me.

따스하고 깊은 즐거움이 내게 서서히 느껴집니다.

steal의 이런 의미를 볼 때, steal은 우리가 잘 아는 의미 '훔치다'에서 느껴지는 '슬쩍', '은밀히' 등등의 개념과 이에서 유추되어 '점진적으로 서서히'의 개념이 포함되어 있기에 우리가 영작할 때 풍성하게 감정을 표현할 수 있는 단어입니다. 예를 들어,

Ⓐ Hey, we don't have enough chairs in the conference room. Can I steal the chair?

회의장에 의자가 충분치 않네요. 의자 좀 슬쩍 가지고 가도 되지요?

Ⓑ Sure, it's not mine anyway.

물론입니다. 어쨌든 내 것이 아니거든요.

71 Under the weather
몸이 개운치 않은, 약간 불편한

　연구년으로 미국에 있을 때인데요. 그곳에서 다닌 교회는 소그룹 모임을 활발히 하는 곳이었습니다. Home group(한국에서는 구역모임이라고 하지요.)이 여러 개 있어서 매주 정해진 요일에 가정을 순회하면서 모이곤 했습니다.

　당시 제가 속한 Home group의 리더는 Scott 목사님이었습니다. 각 성도들을 잔잔히 배려하면서 온화한 모습으로 이끌어주신 모습이 인상적인 분이었습니다. 특히 그 목사님의 가정에서 가졌던 여러 번의 Home group 모임이 좋았습니다. 크리스마스 시즌에 캐럴도 함께 부르고 선물도 나누었던 그때가 잊히지 않습니다. 위의 사진이 바로 그때입니다. 맨 왼쪽이 목사님이고요.

　Home group의 어느 모임 때였는데요, 한 성도가 아파서 Home group에 나오지 못한 적이 있었습니다. 그때 목사님이 이런 표현을 쓰셨네요.

Julian was a little <u>under the weather</u>, but he is doing a lot better this week so we should be able to see everyone this Sunday.

Julian이 약간 몸이 안 좋았는데요, 그러나 이번 주 몸이 훨씬 좋아졌습니다. 그래서 우리 이번 주일엔 모두 나와 얼굴을 볼 수 있을 것 같습니다.

'under the weather.' 이 표현은 '아프다'는 의미인데요, 'I was under the weather.'는 'I didn't feel good.'과 동일한 의미입니다. 옛날엔 나쁜 날씨가 종종 사람들을 아프게 했다고 믿었던 것에 연유합니다. 특별히 날씨에 민감해하였던 뱃사람들로부터 시작된 표현이라는 이야기가 있습니다. 바다에서 일기가 나빠 파도가 심하면 멀미를 하는 등 몸이 좋지 않은 데서 유래되었다고 하는군요.

아침에 출근했는데 동료의 안색을 보니 환절기의 몸살기가 느껴지거나, 혹은 그 전날의 회식 때 무리한 탓에 상태가 별로 좋지 않습니까? 이렇게 쓸 수 있겠네요.

You look under the weather.

몸이 불편해 보이는군요.

'I am under the weather'와 동일한 의미의 표현으로 'I don't feel well.' 혹은 'I feel sick.' 이렇게 쓸 수 있지요. 혹은 'I am not feeling well.'으로도 할 수 있는데요, 이때는 몸이 안 좋다는 것이 현재 진행 중임을 드러내고 있습니다. 주로 headache(두통), stomachache(복통), cold(감기), diarrhea(설사), menstrual cramps(생리통) 등등은 통증의 구체적인 위치를 드러내 주지만 'I am under the weather.'는 구체적으로 어디가 아픈지를 이야기하지 않아도 되니 좀 더 융통성 있게 쓸 수 있습니다. 'I am not feeling well. I am under the weather.'로 이야기해주면 상대방이 눈치껏 알아듣는 것이지요.

며칠 전에 창문을 열어 놓고 잤더니 몸이 최근에 찌뿌드드한가요? 이렇게 이야기해 보세요. 'I've been feeling a bit under the weather lately.'(최근에 몸이 찌뿌드드해요.) 그러면 상대방이 이렇게 할 것 같아요. 'Maybe you're coming down with a cold. Go get some rest.'(아마도 감기 올 것 같아요. 좀 쉬세요.)

72 In (at) the back of mind
마음속에

어느 외국인 교수님과 이야기를 나누는데요, 이분이 지난 주말에 있었던 일을 이야기합니다. 이분은 한국에서 벌써 8년 이상 사는 분으로 한국어도 꽤 잘하는 분이지요. 집을 알아보기 위해 복덕방에 갔답니다. 복덕방에 잠시 앉아 있으면서 사장님이 다른 손님들하고 이야기하고 또 전화하는 이야기를 들으니 매입자와 이야기할 때와 매도자에게 이야기할 때가 서로 다르게 느껴지더라는 것이지요.

외국인으로서 복덕방의 그런 용어를 알고 이해한다는 것이 대단하게 느껴졌는데요. 그분이 하시는 말씀입니다. 'I could recognize what's in the back of his mind.'(나는 그의 속마음을 엿 볼 수 있었어요.) 'I don't think I continue to use that Bogdukbang.'(나는 그 복덕방을 이용하지 않을 겁니다.) 사업을 하다 보면 상대방에 따라 같은 내용이라도 살짝 다른 방향으로 이야기할 수 있는 경우가 많을 텐데요. 옆에 앉아 있는 이 외국인이 설마 이해할까 싶었는지 복덕방 사장님이 주의 기울이지 않고 너무 노골적인 장삿속을 드러내며 이야기한 모양입니다.

그런데 이 표현이 재미있는 것은요. 영어를 사용하다 보면 영어와 한국어의 표현이 신기하게도 유사한 점이 종종 눈에 띄는데요. 이 표현도 영어와 한국어에 있어 동일하게 사용되는 표현입니다. in (at) the back of mind '마음 저 뒤편에' 혹은 '내심' 등으로 해석되는 이 표현 그대로 우리 한국어에도 그대로 사용됩니다.

마음 저 한 곁에 있는 우리의 마음을 생각하시면 되겠습니다. 명시적이고 중요한 것은 아닐지라도 은근히 우리 마음에 있는 그런 상태

입니다. 예를 들면,

I'd like to believe we can still be friends, but in the back of my mind, I know that's not true.
나는 우리가 여전히 친구라고 믿습니다. 그러나 내심 그것이 사실이 아니라는 것을 알아요.

또, 이렇게 쓰일 수도 있습니다. 동사 push 혹은 put을 써서 'push something to (in) the back of your mind'(안 좋은 기억을 잊기 위해) ~을 마음 깊숙한 곳으로 밀어 넣었습니다. 예를 들면,

I tired to push the thought to the back of my mind.
나는 그 생각을 잊기 위해 마음 깊은 곳으로 밀어 넣어버리려고 했습니다.

You should put this problem in the back of your mind and concentrate on other things.
당신은 이 문제를 마음 깊숙이 묻어 두고 다른 일에 집중하세요.

그 사람과의 문제를 마음의 뒤편에 밀어 넣으면 기억이 잊힌다는 생각인 것 같습니다만 사실 너무 순진한 생각입니다. 언제나 기회만 되면 떠오르기 마련이지요. 용서하고 화해하면 문제가 사라집니다. 예를 들어,

Forgive him and reconcile with him and the problem will disappear.
용서하고 화해하면 문제가 사라집니다.

73 You're all set
다 준비되었습니다

유학 준비를 하면서 입학신청서를 보낸 미국의 대학원 중에 운이 좋게도 너덧 군데의 학교로부터 admission letter(입학허가 편지)를 받을 수 있었습니다. 그중에 한 곳을 결정하여 알려주니 기숙사 신청을 원한다면 작성하라고 제게 양식이 담긴 편지가 왔습니다. 기숙사 신청서를 작성하여 다시 학교로 우편으로 보내주었습니다. 요즘 같으면 인터넷으로 하겠지만 그때는 그런 것이 없으니 우편으로 할 수밖에 없었지요.

8월 중순, 개학을 앞두고 미국으로 건너가 학교 기숙사에 도착하여 신청서 복사본을 보여주니 기숙사 방 배정과 열쇠를 줄 테니 기다리라고 합니다. 미국대학의 기숙사는 기숙사 관련 일들을 모두 학생들이 part-time job으로 하고 있는데 그날의 근무는 어느 금발의 예쁜 여학생이었습니다.

이 여학생이 'Thank you for your waiting. Now you're all set.'하면서 열쇠와 방 배정 slip을 주었습니다. 그런데 'You're all set'이란 말은 당시 처음 듣는 표현이었습니다. 눈치

로 감은 잡겠는데 당시 분명히 이해하지는 못했습니다.

여기서 'set'란 '준비된'이란 뜻입니다. 그러니 기숙사에서 'You're all set'은 '다 되었으니 가도 좋다'란 말입니다. 여기서 all은 단순히 강조입니다. 그러나 강조라고 해서 all을 뺀다면 매우 어색합니다. set은 all과 함께 나와야 합니다.

Ready, Set, Go! 이것은 무엇일까요? 육상에서 출발선에 선 선수들을 향해 심판이 외치는 소리입니다. '제자리에, 준비, 시작!' 의 의미입니다. 여기서도 set은 준비의 의미이네요. 예를 들어,

Are you all set for the meeting?
회의 준비 다 되었나요?
They were at the starting line and all set to begin.
그들은 출발선에 섰고 시작 준비가 다 되었습니다.

치과에 간 적이 있습니다. 한 환자가 진료를 마치고 접수대에서 간호사와 이야기를 나누다가는 'All set?'하는 것입니다. 'All set?'은 '다 되었나요?' 즉, '이제 가도 되나요?'의 의미입니다. 'Am I all set?'을 줄여서 그리 말한 것으로 생각하면 되겠습니다.

은행에서 창구직원과 볼일을 다 보고 난 다음에 직원에게 보여주었던 자신의 신분증과 영수증 등등을 돌려 받을 때 창구직원이 이렇게 이야기 할 수 있습니다. 'Thank you. You're all set.', '이제 일이 다 끝났습니다. 가셔도 좋습니다.' 등등의 의미입니다. 은행 이외에도 마트, 식당, 병원 등등 다양한 장소에서 쓰일 수 있는 말입니다.

74 Crack the whip

채찍을 휘두르다

미국에서 아이가 축구 리그를 할 때였습니다. 초등 3학년 아이들이 일주일에 한 번씩 연습했는데 날씨가 더워지니 조금씩 해이해져 가는 4월이었습니다. 아이들이 조금씩 훈련 시간에 늦게 오고 성실하지 못한 모습을 본 감독이 아이들 부모님들께 이메일을 이같이 보냈습니다. 평소 호랑이 감독이었는데 이메일 내용을 보니 보다 더 엄격하게 지도하겠다는 내용입니다.

The kids are getting slow and I think I am going to have to crack the whip to get them to practice more seriously.(아이들이 활기가 없어지고 있으니 좀 더 연습에 충실하도록 채찍을 들도록 하겠습니다.)

'crack the whip.' 이는 종종 협박하거나 벌을 주거나 하여 일을 더 열심히 하게끔 할 때 사용되는 표현으로 통상 들들 볶아서 사람들을 자신이 원하는 쪽으로 움직이게 하는 것을 의미합니다. crack은 '찰싹 소리를 내다'이고 whip은 '채찍'을 가리킵니다. 합쳐서 소리 내 채찍을 휘두르는 것을 이야기하지요. 즉, 위 이메일 내용은 아이들이 훈련에 진지하게 임하도록 압력을 가하겠다는 의미입니다.

감독은 지혜롭게 적절히 당근은 물론 채찍을 아끼지 아니하면서 아이들이 훈련에 진지하게 참여토록 하였는데요, 학부모들이 이를 통해 자기의 아이들이 결국 운동을 좋아하고 훈련도 열심히 참여하는 모습을 보고 많이 좋아하였습니다. 아이들에겐 다소 무서운 감독이었으나 아빠이기도 한 그 감독이 아이들이 잘 훈련에 임하도록 적절하게 다룬 것 같습니다.

crack the whip은 호주영어에서 시작된 표현으로 범법자들에게 채찍을 휘두른 것에서 나온 말입니다. 종종 은유적으로 쓰이는 crack the whip은 사람들을 재촉함으로 어떤 일을 하도록 몰아가는 것을 의미합니다.

원래 crack은 부러질 때 나는 소리를 본뜬 의성어로써 '딱', '휙' 같은 소리를 내면서 부러지는 모습을 상상하면 좋겠습니다. 예전에 유학 중에 나이 어린 교포 대학생들과 함께 캠프를 했던 적이 있었는데요. 그때 한 학생이 'We cracked up every time Bill said anything.'이라고 하더군요. 순간 무슨 말인가 했지만, 키득거리며 자기들끼리 이야기하는 분위기를 보고 자기들만의 슬랭임을 느꼈고 곧 그 의미를 추론할 수 있었습니다.

'crack up'했다는 의미는 웃음이 터졌다는 의미입니다. 얼굴이 마치 부서지면서 웃음이 그 사이로 빵 터지는 것을 상상할 수 있는데요. 우리 속담에도 파안대소(破顔大笑)라는 말이 있습니다. 여기서 '파'는 '깨뜨릴 파'인데요. '안'은 '얼굴 안'이고요. 얼굴이 쪼개지면서 웃음이 터지는 것을 의미합니다. crack 의미와 동일하다는 점에서 영어와 한국어가 비슷한 은유를 상상하면서 사람들이 이야기함을 알 수 있습니다. 위 문장의 의미는 '우리는 Bill이 말을 할 때마다 파안대소했다.' 입니다. 또 한 문장의 아래 예를 보면 crack이 자동사와 타동사 모두 쓰이게 됨을 볼 수 있습니다.

We all cracked up at Tom's joke. Especially, Josh's jokes cracked me up many times.
우리는 Tom의 농담에 파안대소했다. 특별히 Josh의 농담은 나를 여러 번 파안대소케 했다.

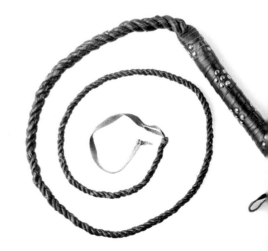

Get back into the swing of things
익숙해지다

   연구년 기간 California에서 체류할 때, 아이들이 출석하는 교회의 중고등부 활동으로서 리더의 집에서 매주 하는 모임이 있었습니다. 여름 방학 기간엔 모이지 않았다가 개학이 되어 다시 활동 모임을 재개하면서 리더가 다음과 같은 이메일을 학생들과 학부모들에게 보냈습니다.

   Well, it's time to <u>get back into the swing of things.</u> We'll be getting back to our regular meeting time, 7:00~8:30 on Thursdays. (자, 일상으로 돌아갈 시간입니다. 우리의 정기 모임은 매주 목요일 7:00-8:30입니다.)

   swing은 그네같이 앞뒤 혹은 좌우로 흔들리는 것을 의미합니다. 동사 및 명사 모두 쓰이는데요. 'the swing of things'는 '일상생활에 있어 (정상적인)흐름의 상태'를 의미합니다. 그러므로 'get into the swing of things' 하면 '…에 익숙[능숙]해지다; 정해진 일이나 활동에 익숙해지다'의 의미가 됩니다.

그런데 여기에 back이라는 부사가 곁들여져서 '돌아오다'의 뜻이 합쳐집니다. 그러므로 위 리더의 이메일 It's time to get back into the swing of things의 의미는 '다시 일상으로 돌아올 때가 되었습니다.'가 됩니다.

'get back (in) to ~'의 표현에서 어디 밖에 잠깐 나가 있다가 원래 자리로 돌아가는 그림이 그려지시는지요? 아이들이 방학이 끝나고 개학이 다가올 때가 되면 'back to school'이라는 말이 나옵니다. 방학 중에 나와 있다가 이제 학교로 돌아간다는 그림이 보이지요? 마트에선 'Back to School SALE'을 크게 하는데요. 긴 방학이 끝나가는 즈음에 문방구나 컴퓨터, 복사지, 계산기, 도시락 가방 등등 학교 공부에 필요한 다양한 것을 할인하는 Sale이지요. 'back to school'을 내걸고 하는 Sale 기간은 마트로서는 많은 매출이 이루어지는 큰 대목 중의 하나입니다.

'get back into the swing of things'는 또 'get back into the swing of it'으로 쓰기도 합니다. 뜻에는 전혀 차이가 없습니다. 여기서 back을 생략해도 되는데 그렇다면 '~으로 돌아가다'의 의미는 없어지고 '일상으로 가다' 혹은 '익숙해지다'의 의미가 됩니다.

Kyle just couldn't seem to get into the swing of things.
카일은 일상업무에 능숙해지지 못한 것 같다.

I hadn't worked in an office for several years, so it took me a while to get back into the swing of it.
수년 동안 사무실에서 일을 하지 않아서 제가 익숙해질 때까지 한참 걸릴 것 같아요.

이 표현의 동의어로는 'to become familiar with'(익숙해지다) 혹은 'settle into'(자리를 잡다) 등이 있습니다.

76 What makes you heart beat?

당신의 마음을 뛰게 하는 것은 무엇입니까?

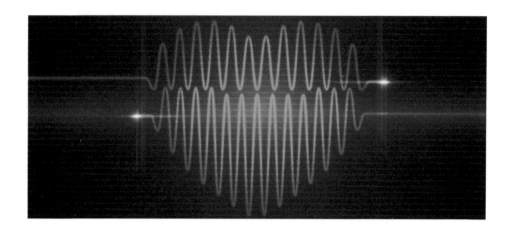

    2018년 초가을 방탄소년단이 **UN**의 **UNICEF** 행사에 참석하여 약 7분간의 메시지를 전했습니다. 미래 자신의 진로와 따돌림 등 10대들의 고민과 걱정을 다루는 그들의 뮤직비디오가 폭발적인 인기를 얻으면서 방탄소년단은 빌보드 장기간 1위에 머무르며 민간외교관 역할을 톡톡히 하였는데요. 당시 한국 가수 최초로 **UN** 정기 총회 연설을 한 것이지요.

    방탄소년단의 메시지는 'Love yourself'였습니다. 다른 사람의 시선으로 자신을 보지 않고 어제의 나, 또 오늘의 나 그리고 내일의 나도 모두 나 자신이라며 나 자신을 사랑하자고 호소하였습니다.

    그 연설 중에서 'What makes you heart beat?'이란 말이 나옵니다. 의미는 '당신의 마음을 뛰게 하는 것은 무엇입니까?'입니다.

    beat라고 하는 동사의 뜻이 워낙 다양합니다. 아마도 우리가 이 단어를 처음 알게 된 것은 '이기다' 혹은 '때리다'의 의미로 알게 되었을 것으로 생각됩니다. 그런데 방탄소년단이 쓴 beat은 '(심장이)고동치다'의 의미가 있습니다. 즉, 심장이나 맥박이 규칙적으로 뛰고 있는 것이 beating입니다.

많은 가수들의 팝송 노래에서도 heartbeat(심장 고동 소리)을 노래하고 있습니다. 80년대 Wham이 불렀던 heartbeat에서도, 또 최근의 Christopher의 heartbeat와 Marcus & Martinus의 heartbeat에서도 청춘 남녀 간에 서로를 바라보면서 울리는 두근두근 심장 고동 소리로 남녀의 설레는 마음을 묘사하고 있습니다.

최근 우리가 자주 쓰는 말, '심쿵하다', 즉 '심장이 쿵쿵 뛰다'도 바로 이런 것이지요. beating 대신에 fluttering 혹은 pounding을 쓸 수도 있습니다. 예를 들어,

He's alive-his heart is still beating.
그가 살아있어요–그의 심장이 뛰고 있습니다.
It made my heart beat fast.
그것이 내 심장을 빨리 고동치게 했다(즉, 심장이 쿵쿵거리게 했다).
The sound of his voice in the hall made her heart flutter.
홀에서 들린 그의 목소리는 그녀의 심장을 설레게 했다, 즉 심장이 쿵쿵하게 했다.

또 이런 의미도 있습니다. 유명한 마이클 잭슨의 곡 'Beat it'에서의 beat은 '즉시 가버리다, 물러나다'란 뜻으로 쓰였습니다. 특히 딴 사람에게 화가 났을 때 그만 사라지란 뜻으로 많이 쓰죠. I told him to beat it.(그 사람한테 눈앞에서 사라지라고 말했습니다.) 여기서 'beat it'이란 표현은 '퇴각하다'란 뜻의 'beat a retreat'에서 나온 말입니다.

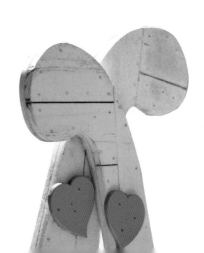

77 It's going to be a blast

그것은 신나는 경험이 될 것입니다

캘리포니아에 있으면서 출석한 교회는 First Baptist Church(FBC) 였습니다. 저희 아이들도 그곳 주일학교에 다녔는데요. 청소년 사역을 열심히 하시는 청소년 사역 담당 목사님이 자주 이메일을 보내주시곤 했습니다.

그중에 보니 이런 내용이 있네요.

Hi, guys. We have our SWAG at FBC from 6:00 to 8:00. <u>It's going to be a blast.</u>

여기서 SWAG은 그 교회의 청소년 사역의 모토인 'Serving and Worshiping an Awesome God(놀라운 하나님을 섬기고 경배하기)'의 앞 철자를 따서 만든 것으로 청소년 모임을 이르는 것이지요. 이메일의 의미는 'SWAG 모임이 6시부터 8시까지 FBC에서 있을 것인데 신나는 경험이 될 것입니다.'입니다. 그런데 이 문장에서 주목하고자 하는 것은 'blast'입니다.

원래 blast 하면 폭발을 의미합니다. 급작스러운 큰 소리, 급격한 바람 등등도 나타냅니다. 우리는 '꽝' 하고 폭발하는데 미국인들은 'Blast'하고 폭발하는 것으로 생각합니다. 의성어입니다. 유사한 것으로 'Boom'도 있습니다. 만화에 보면 이런 장면이 자주 나오지요? 폭발할 때 나오는 그림들입니다.

그런데 이 blast가 '신나는 혹은 재미있는 경험'의 의미로도 많이 쓰입니다. 'We had fun last night.' 이 표현보다 blast를 사용하여 'We had a blast last night.' 하면 이것은 더욱 강조되어 매우 재미있었다는 의미입니다.

You should have come with us last night – we had a real blast!
우리는 어젯밤에 우리와 함께 갔어야 했는데요 – 우리는 정말 재미있었어요.

그리하여 위 이메일 내용 중 'It's going to be a blast' 는 '그것(SWAG 모임)은 신나는 경험이 될 것입니다'라는 의미가 되겠네요. 둘째 아이가 야구 리그를 시작할 때도 감독으로부터 학부모에게 날아 온 이메일에도 보면 'This season is going to be a blast'의 문장이 있었는데요. 이것을 보면 blast는 자주 쓰이는 표현으로 보입니다.

blast는 '회사나 기관에서 보내는 다량의 이메일 전송'을 이야기할 때도 있습니다. 예를 들어,

He announced in an email blast to supporters that he is suspending his campaign.
그는 다량으로 보낸 이메일에서 선거운동을 연기한다고 알렸습니다.

⑦⑧ Strike a chord with~

~의 심금을 울리다

연구년으로 미국에 있을 때였습니다. 제가 당시 논문 준비로 인한 스트레스로 극심한 피곤함 가운데 있던 중에 다음과 같은 이메일을 받았습니다. 당시 함께 활동했던 사진동우회의 회장이 멤버들에게 보내준 것인데요. 스트레스 해소 관련 이메일이어서 제가 눈이 번쩍 떠졌습니다.

사진동우회의 같은 멤버인 허버트 박사가 TV 방송에 나와 스트레스에 대하여 이야기한다고 말하면서 과중한 업무로 찌든 삶을 어떻게 벗어날 수 있는지 한번 알아보라고 합니다.

STRESSSSSED OUT MUCH? Does this <u>strike a chord with</u> you? Then the following may be of great interest to you: Showing TONIGHT, this Friday evening at 7:30 pm, on KJIE-TV, is our own Dr. John Herbert, sharing how people can change their overloaded, STRESSSSSED, lives.

스트레스가 심하신가요? 이 말이 당신의 심금을 울리고 있나요? 그렇다면 다음의 내용이 매우 흥미로울 것 같습니다: 방영은 오늘 밤인 금요일 저녁 7시 30분인데요, KJIE-TV 방송국에서 우리의 존 허버트 박사가 출연하여 과중한 업무의 스트레스를 어떻게 변화시킬 수 있는지를 나눌 것입니다.

회원들에게 친근하게 철자를 대문자로 그리고 반복해서 쓰기도 하면서 강조를 하고 있음을 알 수 있습니다. 그런데 여기서 'strike a chord with'의 의미는 무엇인지요?

'strike a chord with ~'는 '~의 심금을 울리다'의 의미입니다.

chord는 음악에서 화음을 의미합니다만 여기선 심금, 감정을 의미합니다. 그러므로 '심금을 strike하다'이니 곧 '심금을 치다' 즉, '심금을 울리다'의 의미가 됩니다. 예를 들어,

The accident has shocked America and struck a chord with every parent of a young child.
이 사건은 미국을 충격에 빠뜨렸고 모든 어린아이의 부모들의 심금을 울렸습니다.

'strike a chord with'에 구문에서 strike 동사는 hit이나 touch로도 대체 가능합니다.

The film still touches a chord with younger audiences.
이 영화는 젊은 관객의 심금을 울렸습니다.

The movie 'Roman holiday' still hits the right chord with people even now.
'로마의 휴일' 영화는 지금도 사람들의 심금을 제대로 울립니다.

위 문장에서 특별히 chord 앞에 right를 쓰니 심금을 제대로 울리게 하는 것을 이야기하네요.

chord 대신에 nerve를 쓰면 뉘앙스가 조금 달라집니다. 즉 'strike a nerve with'는 부정적인 뉘앙스로 '거슬리에 혹은 화나게 하다'는 의미입니다.

His controversial column in the newspaper struck a nerve with some readers.
그가 뉴스에 쓴 논쟁의 여지가 있는 칼럼은 일부 독자들을 거슬리게 했습니다.

🗨79 Jump in
끼어들다

   대학원 유학 중일 때입니다. 요즘 같으면 유학을 하러 가기 전에 인터넷을 통해 그 학과 소속의 한국 학생에게 연락하여 정보를 듣거나 할 텐데요. 그 당시엔 인터넷이 없으니 알 길이 없었습니다. 그곳에 도착하고 나서도 제가 속한 학과는 석사과정에 한국인이 한 명도 있지 않았기에 첫 학기 수강 신청을 하는데 어떤 과목은 어떻고 어떤 교수님은 어떻고 등등의 정보가 전혀 없이 그저 학과 사무실에서 직원이 기계적으로 이야기하는 필수과목 중심으로 수강 신청했던 기억이 납니다.

   첫 학기, 세 과목을 신청했는데요. 그중 하나가 'Reading strategy(읽기 전략)'이었습니다. 첫 수업에 들어가니 교수님이 수업을 두 그룹으로 나누어 진행한다고 하십니다. 다음 시간에 나갈 진도 내용을 미리 읽고 와서 토론하는데 A그룹은 7명으로 inner group이 되어 원을 그려 앉고 그 바깥쪽에 역시 7명으로 B그룹으로 outer group이 되어 또 다른 원을 그려 앉도록 하셨습니다. 세 시간 연속 강의였는데요, 첫 두 시간은 inner group이 토론하고 outer group은 듣고 메모만 하고 있다가, 마지막 세 시간째가 되면 outer group이 inner group에게 질문하면서 토론에 참여할 수 있는 방식이었습니다.

   이 수업은 유학 첫 학기에 제게 무척 부담되는 수업이었습니다. 한국의 강의식 수업에 익숙한 제가 토론식 수업을 처음 경험하는 것이었고 또 주어진 과제를 읽고 소화하여 이야기해야 하는데 미리 읽을 양도 만만치 않았습니다. 원어민 학생들도 이 수업은 가장 마지막 학기에 수강할 만큼 매우 demanding한 과목이라는 것을 나중에 들었습니다. 아무 정보 없이 필수과목이라고 해서 덜컥 수강하였지만, 초보자가 듣기엔 사실 벅찬 과목이었던 것이지요.

   학기 시작 후 아마 셋째 주가 된 것 같습니다. 제가 그 주에 inner group이었는데요, 저는 유학 첫 학기, 꿀 먹은 벙어리처럼 한마디 말도 못하고 있는 가운데 두 시간이 다 되어

가는 어느 시점에 교수님이 이런 말씀을 하십니다. "If you've never said anything, it is a good time to jump in now!"(만약 아무 말도 지금까지 하지 않았다면 지금이 끼어들기 좋은 타임입니다.) 이 말을 듣는 순간, '이는 나를 향한 말이구나'라는 생각을 하게 되었습니다. inner group 가운데 아시아계는 전 혼자였고 저만 두 시간 동안 아무 말도 못 했기 때문입니다. 그러나 교수님의 그 말씀이 더욱 부담되니 더더욱 아무 말도 못 한 채 땀만 나고 시간이 휙 흘러갔습니다.

교수님이 하신 말씀 중 'jump in.' 무슨 말일까요? 'jump in'이라고 하면 '(토론이나 활동에) 불쑥 끼어들다'의 의미입니다. 그러니 윗글의 의미는 '아직 아무 말도 안 했다면 지금이 끼어들기 좋은 시간입니다' 다른 예로, Before Tom replied, Jane jumped in with an objection. (Tom이 답을 하기 전 Jane이 불쑥 끼어들며 반대하고 나섰습니다.)

사실 저는 목요일 4시에 있던 이 수업이 있는 날만 되면 12시경에 설사를 하는 심적, 육적 고통을 겪었지요. 그 교실이 Baldy Hall 113호였는데요, 잊을 수 없습니다. 졸업 후 10년이 지나고 학교를 방문하여 그 교실에 가본 적이 있습니다. 위의 사진입니다. 여전히 그 모습 그대로 있더군요. 교실 안으로 들어가 한동안 옛 시간을 더듬어 보았습니다.

jump를 이용한 다양한 의미들이 많이 있는데요. 'jump on' 다음에 사람이 나오면 그 사람을 비난하다가 됩니다. She jumped on me before I had a chance to explain.(그녀는 내가 설명을 하기도 전에 나를 비난했습니다.) 'jump around'는 팔짝팔짝 뛰다의 의미이지요. I just like to watch kids jumping around in the ground.(나는 아이들이 운동장에서 팔짝팔짝 뛰며 노는 것을 바라보는 것을 좋아합니다)

80 I must start again from scratch

난 처음부터 다시 시작해야만 해

저는 미국에서 유학할 때 첫 여름방학인 1993년 여름에 아프리카 감비아에서 재미교포 대학생들과 함께 6주간 봉사 활동한 적이 있는데요. 저는 감비아 수도인 반줄 인근에 있는 쿤타킨테(Kunta Kinte) 중학교에서 수학을 가르쳤습니다. 당시 한국에서 아프리카 하면 참 멀게만 느껴지던 곳이었는데요. 막상 미국에서는 대서양만 건너면 되니 아프리카가 상대적으로 그리 멀게 느껴지지 않았습니다.

아프리카 서부에 있는 감비아는 18~19세기 노예로 끌려가기 전, 잡혀 온 흑인들을 감비아 강 하구에 모아두고 대기시키던 곳이 있을 만큼 역사적으로 어두운 그늘이 있는 곳이었습니다. 이는 그들의 언어에서조차 드러났습니다. 예를 들어 그들의 언어로 의례적인 아침 문안인사가 'Sumole'라고 묻습니다. 의미는 'Are they there?' 즉 '식구들은 거기에 있는가' 즉 '잡혀가지 않고 그 자리에 있는가'의 의미입니다. 그러면 답은 'Ibije'로 합니다. 즉, '그들은 그곳에 있습니다'의 의미입니다. 아… 이 말의 유래를 듣고는 울컥하는 마음이 생겼습니다.

그 한 많은 땅 감비아에서 흑인들을 돌보며 사역하던 선교사님이 계셨는데요. 저희 팀이 그곳에 있는 동안 잘 적응하며 생활하도록 도와주시던 미국 선교사님이셨습니다. 그분이 수년간의 사역을 접고 저희 팀이 미국으로 돌아갈 때 함께 귀국하게 되었습니다. 그분이 어느 날 우리에게 한 이 말이 기억납니다. 'When I get back, I must start again from scratch.' 무슨 말인가요?

원래 scratch는 동사로는 '긁다', '할퀴다'의 의미입니다. 예를 들면, 'The cat scratched my face.'(고양이가 내 얼굴을 할퀴었다.) scratch를 사용하는 표현으로 유명한 것은 'Scratch my back and I'll scratch yours.' 이는 '내 등을 긁어주면 나도 네 등을 긁어주겠다.'는 의미로 '가는 말이 고우면 오는 말도 곱다'가 되지요. 또 'Scratch the surface'는 '겉핥기 하다' 즉 '핵심에 못 다다른다'의 의미입니다. 명사로는 '긁힌 상처'의 뜻이 있습니다.

또 다른 의미로 '출발선'의 의미가 있습니다. 이를 'scratch line'이라고도 합니다. 그래서 'start from scratch'하면 '처음부터 시작하다'가 되는데요. 특별히 아무런 기반 없이 출발하는 것을 뜻하기에 '무에서부터 시작하다'의 의미가 됩니다.

그러므로 위 선교사님의 이야기는 곧 '돌아가게 되면 처음부터 완전히 새로이 시작해야 합니다'의 의미가 됩니다. 젊은 날의 소중했던 시간을 아낌없이 아프리카에서 그 사람들을 돌보는 일에 쓰고 이제 본국으로 돌아가 새로운 삶을 살게 되는 그분의 목소리엔 이제 인생의 한 챕터를 마감하는 성취감과 홀가분함 그리고 다음 챕터를 준비하고자 하는 비장함이 담겨 있었습니다.

예문을 더 보겠습니다.

There were no textbooks, so the teachers had to start from scratch.
교과서가 없어서 교사는 무(無)에서부터 시작하여야 했습니다.

The folder with my outline and notes got deleted, so now I have to start the whole project again from scratch.
개요와 메모가 담겨있는 폴더가 삭제되었기에, 저는 프로젝트를 처음부터 다시 새로이 시작해야 합니다.

Cup
급소 보호장비

미국에 연구년으로 있는 동안, 초등 4학년이었던 둘째 아이가 리틀야구 클럽에 들어가 활동한 적이 있습니다. 사실 야구를 한 번도 한 적이 없는 아이였지만, 맨땅에 헤딩하는 식으로 시작한 것이지요.

아이가 들어간 야구클럽의 시작이 2월이었는데요. 다소 쌀쌀한 날씨에 야구 연습을 시작하게 되었습니다. 야구 연습 첫날 아침, 코치로부터 다음과 같은 내용의 이메일이 왔는데요. 그 가운데 cup이라는 것이 생소하였습니다.

We have our first scrimmage tonight at 5:30. Please make sure you have your child bring their <u>cup</u>, if they have one. It will be cold so please make sure that your child wears something warm. Looking forward to seeing everyone tonight. (오늘 저녁 5시 반에 첫 연습이 있습니다. 가지고 있다면 자녀들이 cup을 가지고 오도록 해주세요. 추울 테니 따스하게 입고 오도록 해주세요. 모두 오늘 저녁에 뵙겠습니다.)

여기서 scrimmage는 연습을 뜻합니다. 첫 연습이 있음을 이야기하면서 코치가 갑자기 cup을 가지고 오라고 하였기에 저는 '웬 cup?'하며 의아해했습니다. 그다음 문장에 날씨가 쌀쌀하다는 이야기하였기에 저는 아하, 뜨거운 물을 마시기 위한 cup인게로구나 추측하였지요. 확인을 위해 다음과 같이 코치에게 이메일을 썼습니다.

When you say cup in the cold weather tonight, is it the cup for drinking hot water?
오늘 저녁이 춥기에 cup이라고 하심은 뜨거운 물을 마시기 위한 cup인 거지요?

그랬더니 다음과 같이 답이 왔습니다.

The cup is worn for protection so if the ball hits them in their privates it won't hurt as much.
cup은 보호를 위한 것인데요. 야구공이 급소에 맞아도 그렇게 아프지 않게 되는 겁니다.

아하. 남자의 급소를 보호하는 컵이었습니다. 주로 포수가 착용하는 것으로 소중한 부분에 공을 맞을 것을 대비하여 보호하는 것이었던 겁니다.

나중에 보니 cup은 실제 스포츠의 protective gear(보호 장구) 중 하나로 잘 알려진 장비이네요. helmet(헬멧), shoulder pad(어깨 패드), shin guard(정강이 보호대) 등등과 마찬가지로요. 거친 운동일수록 심각한 손상이 있을 수 있으니 미리 대비하는 것이지요. 특별히 겨울운동에 cup, 즉 뜨뜻한 물을 마실 컵도 필요하지만, 급소를 보호하는 cup도 필요하네요.

It's gonna be a tough game. Have your boy bring his protective gears like a cup and a shin guard.
어려운 경기가 될 거예요, 아들이 컵이나 정강이 보호대 같은 보호장구 가지고 오도록 해주세요.

82 I am stoked to be here with you guys
여러분과 함께 하게 되어 흥분됩니다

　제가 연구년 때 미국에서 다닌 FBC 교회에서, 이제 곧 있을 남성들만을 위한 수련회 (Men's retreat)를 소개하는 preview (프리뷰, 혹은 맛보기) 시간이 있었습니다. 수련회에 등록한 이들이 수련회 일주일 앞두고 모였습니다. 그때 그 수련회에서 초청강사로 설교를 해주실 목사님도 외부에서 오셨는데요, 마이크를 잡으시자마자 이렇게 시작하십니다.

　"I am stoked to be here with you guys. (여러분과 함께 하게 되어 흥분됩니다)."

　원래 stoke의 뜻은 '불을 때다', '연료를 더 넣다'의 의미는 물론 '(감정을) 더 부추기다'의 의미가 있습니다.

　이것에서 발전되어 stoked라고 하면 슬랭의 하나로 excited (흥분된)의 의미가 있는데요, 사실 이 의미만으로 부족합니다. happy (기분 좋은)의 느낌, 혹은 exhilarated (기분이 들뜬)의 느낌 등이 동반된 의미입니다. 즉, 'I am hyped! (신나요!)' 이런 의미와 비슷합니다.

이 표현은 한국에서만 영어를 배운 우리에겐 좀 생소하게 느껴집니다만 기쁨의 극치를 느낄 때 쓸 수 있습니다. 마치 지난 일 년간 우리 부서에서 엄청 힘들게 준비했던 중요한 프로젝트의 결과가 좋게 나와서 그로 인해 큰 계약을 성사시켰더니, 사장님의 특별 포상 지시가 내려왔는데, 해외로 3박 4일 부서 전체가 휴가 다녀오라고 하십니다. 우와^^ 해외 포상휴가라니요... 부서원 전체의 얼굴에 미소가 가득합니다. 바로 이럴 때 느낄 수 있는 그런 행복과 흥분입니다. 다음 예문에서처럼요.

I am so stoked for the upcoming trip.
다가 올 여행이 기대되요.

I am stoked to visit Danang!
다낭을 방문한다니 기분이 좋아요!

위에서 목사님이 공적인 장소에서 이 표현을 쓰신 것을 보면, 이 표현이 슬랭이긴 하여도 일반적인 상황에서 이 표현을 써도 부적절하지는 않습니다.

Ironclad, money-back guarantee
확실한 환불 보증

　미국의 사무실에는 카펫이 깔려져 있는 경우가 많습니다. 처음 볼 때는 고급스럽게 보이고 또 걸을 때 착지 감각이 부드러워 좋은 것 같지만 자주 청소를 해야 하는 불편이 따르고, 청소가 그리 쉽지 않기도 합니다. 미국 아파트의 경우도 거실에 카펫이 깔려있는 경우가 많은데요, 우리와 달리 신발을 신고 집 안으로 들어가는 그들의 문화에 비추어 볼 때 카펫을 깨끗이 관리함은 매우 중요한 이슈이기도 합니다.

　연구년으로 미국에 갔을 때 함께 데리고 간 고양이로 인하여 더러워진 카펫을 대대적으로 청소하기 위하여 카펫 청소 업체를 물색하다가 홈페이지에서 이런 문구를 발견했습니다.

You get our 100% Ironclad, Money-Back Guarantee.
당신은 확실히 100%의 환불 보증을 얻게 됩니다

clad가 '~을 입은'의 의미가 되어서 snow-clad hills 하면 눈 덮인 야산들이 되고 ironclad 하면 철을 입은, 즉 '철갑을 두른'의 의미가 됩니다. 거북선은 철갑을 두른 전함 이다라는 말을 할 때 'The turtle ship is an ironclad battleship.'이 되는 것이지요. 원래 iron-clad이어야 하지만 이제는 중간에 하이픈 없이 ironclad라고 쓰는 것이 더 자연스럽 습니다.

ironclad의 '철갑을 두른' 의미가 이제 은유적으로 바뀌어 '깨질 수 없는', '무를 수 없는' 의 의미로 종종 쓰입니다. 예를 들면 An ironclad contract is unbreakable. 'ironclad 계약 이라 함은 변경할 수 없는 계약을 말한다.' an ironclad agreement는 철석같은 약속이 되 며 an ironclad oath는 굳은 약속을 의미합니다.

그렇다면 위 청소업체 홈페이지에서 본 저 문구의 뜻은 무엇일까요? '당신은 확실히 100%의 환불 보증을 얻게 됩니다.' 즉 청소업체의 서비스 후에 혹시 만족하지 못한다면 100% 확실히 환불해 주겠다는 의미입니다. ironclad가 있어서 이 환불 보증이 빈말이 아 니라 반드시 그리하겠다는 청소업체 주인의 약속이 들어가 있습니다.

어떤 행사를 주최하는데 등록비를 내는 참가자들에게 안심하고 등록하도록 하기 위해 등록대에 이런 문구를 쓴 것을 보았습니다.

As always, this event comes with an ironclad, money-back guarantee!!
늘 그렇듯이, 이 행사는 단연코 환불이 보장됩니다.

등록을 주저주저 하는 이들을 향해, 즉 등록 이후에 혹시나 마음이 바뀌어 참가하지 않으려 할 때에도 반드시 환불이 되도록 하겠다는 의지의 약속을 보여줌으 로, 사람들이 등록비 지출에 주저함이 없도록 하려 는 것입니다.

84 Top-of-the-line
최신식의

미국 California의 Davis에 거주할 때 그 지역의 신문을 구독했습니다. Enterprise라는 제호를 가진 신문인데 아르바이트하는 중고생들이 집마다 일일이 돌아다니면서 구독을 권유할 때 그 마음이 가상하여 구독하게 되었습니다.

지역 신문이다 보니 이런저런 생활 정보들이 많이 있었는데요. 저희는 그 신문에서 각종 쿠폰을 얻을 수 있었고요, 또 자동차 중고차 판매 관련 정보도 얻었고요. 무엇보다 Garage sale을 하는 장소 정보를 얻어 주말이면 그곳에 찾아 가 생활에 필요한 가구 및 도구들을 아주 저렴한 값에 사기도 했었습니다.

어느 날 신문을 보니 시립도서관을 새롭게 수리했다는 소식을 전했습니다. 동네에서 만난 이웃들 가운데에도 도서관을 미리 보고 온 이들이 그곳이 아주 현대식으로 탈바꿈했다고 하는 이야기를 하네요. 아래 신문에 난 글입니다. 신문임에도 기사를 기자가 재미있게 썼습니다.

Get your 'wow' face ready for the new Davis Branch Library, which opens Tuesday after a year long, multimillion dollar overhaul. This is a <u>top-of-the-line</u> library.

여기 맨 마지막 문장에서 'top-of-the-line'은 무슨 말일까요? 이것은 '최신식의', '최고급품의' 의미입니다. 직역하면, '어떤 선 위에'라는 개념이니 수준 이상의 품질을 이야기하고 있습니다. 통상 값도 비싸고 일류상품을 지칭할 때 씁니다.

'wow face'는 'wow하며 경탄하는 얼굴'이라는 의미입니다. wow는 통상 놀람과 경탄을 표현할 때 쓰는 말이지요. 그러니 첫 문장은 wow하며 놀랄 준비를 하라는 의미이네요. 재미있는 표현입니다. 'overhaul'은 '수리', '점검'을 의미합니다. 그러므로 위 의미는 '새 Davis 지점 도서관에 대해 놀랄 준비를 하세요. 일 년 동안 수백만 달러의 수리비가 들어갔고 이제 화요일에 문을 엽니다. 이는 일류 도서관이네요.'

top-of-the-line은 'top-of-the-range'로도 바꾸어 쓸 수 있습니다. 혹은 'of best quality', 'top-notch', 'top-ranking', 'top-ranked' 등으로도 쓸 수 있습니다.

예문을 하나 보겠습니다.

The boutique specializes in top-of-the-line luxury goods with little discounting.
저 부티끄에는 할인 없이 최상품의 사치 품목에 특화된 곳입니다.

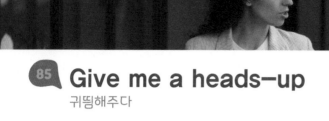

85 Give me a heads-up
귀띔해주다

방학 중에 어느 중학교에서 영어 캠프를 진행하도록 도운 적이 있습니다. 그때 원어민 교사로 초빙된 어떤 외국인 K라고 하는 분이 교실에서 인종차별 관련한 바르지 못한 언행이 있었다는 이야기가 제게 들렸습니다. 이 선생님이 왜 그러하셨는지 어떤 배경이 있는지를 알기 위하여 먼저 수석 교사인 Jeremy와 이야기해 보았습니다. 그리고 정확한 것을 알기 위하여 당사자 본인과 만나 자초지종을 들어야 하겠기에 이메일로 만나자고 했습니다. 그랬더니 그다음 날 K 선생님으로부터 다음과 같은 이메일이 왔습니다.

Jeremy was courteous enough to <u>give me a heads-up</u> about this issue in person last night. I'm considering it very seriously. Jeremy says Friday is a busy day for you, so can we talk in your office Monday afternoon?

이 이메일에서 'give me a heads-up'이라는 표현이 무엇일까요? 이 메일에서 'heads-up'은 '미리 알려진 단편 정보나 충고'인데요, 미리 전달받는 '귀띔'과 같은 것입니다. 'head'에 's'가 붙여져 자칫 복수처럼 보이지만, 'heads-up'은 단수로 취급되어 그 앞에 부정관사 'a'가 오는 것에 주의하세요. 이는 통상 'give' 동사와 잘 쓰여서 'give A a heads-up' 즉 'A에게 귀띔하다' 이런 의미로 쓰게 됩니다. 예를 들어,

Send everyone a heads-up about the changes well in advance.
모든 이들에게 그 변경사항을 미리 알려주세요.

K 교사가 제게 준 이메일의 의미는 '제레미(수석교사)가 어젯밤 저와 긴하게 이야기를 나누면서 친절하게도 이를 귀띔해 주었습니다. 저는 이 문제를 매우 심각하게 생각하고 있습니다. 제레미가 말하기를 금요일엔 당신이 바쁜 날이라고 하니 월요일 오후에 당신의

사무실에서 만날 수 있을까요?'입니다.

'Give me a heads-up'을 사용한 아래 대화를 보겠습니다.

Ⓐ Jason, what time are you planning to go back home?
제이슨, 언제 집에 갈 거야?

Ⓑ I don't know. It depends on when I am finished with this work.
몰라요. 이 일이 언제 끝날지에 달렸지요.

Ⓐ OK. Just give me a heads-up if you need a ride.
오케이. 라이드가 필요하면 귀띔을 줘.

Ⓑ Thank you.
감사합니다.

give대신 get을 사용하면 'get a heads up' 이렇게도 쓰일 수 있습니다. 그러면 '귀띔을 얻다'가 되겠군요. 예를 들어,

They promised we'd get a heads up on the new proposal tomorrow.
그들은 우리가 내일 새로운 제안에 대한 정보를 얻게 될 것을 약속했습니다.

'Heads up!' 이렇게 명령형으로 쓰이면 의미는 'Look out!', 'Be careful!' 즉 '조심해!' 가 됩니다. '(어떤 다른 것에 관심 두지 말고)머리를 들라!'의 의미이니 이해가 되지요. 예를 들면, 오른쪽 사진의 미어캣이 동료들에게 이렇게 말합니다.

Heads up! A lion is coming here.
조심해! 사자가 오고 있어.

86 Tall order
어려운 주문

제가 속한 학회에서 논문집을 발간하고 있습니다. 논문집에 실릴 논문은 저자가 가려진 채 편집위원(editor)들에게 보내 논문을 평가하도록 하고 우수하다고 판단된 것만이 실리게 됩니다. 편집위원들은 당연히 연구능력이 탁월한 사람이어야 할 것이고요. 이 편집 일의 모든 과정을 책임지고 하는 사람을 편집장, 즉 Editor-in-Chief라고 합니다. 통상 저명한 학자를 모시는 경우가 많습니다. 바로 그 논문집의 수준을 나타내는 얼굴이라고 생각하기 때문이지요.

제가 속한 한 학회에서 아시아에서 가장 저명한 논문집으로 계속 이어 나가고자 하는 의욕을 가지고 편집장을 누구를 모실 것인가 하는 회의가 있었는데요. 영국학자인 K 교수님이 추천되었습니다. 이분에게 학회 명의로 편집장 위촉하는 이메일을 보냈습니다. 그랬더니 두 주일 만에 수락 이메일이 왔고요. 학회 회장님이 이를 듣고 기뻐하며 감사하다고 K 교수님에게 보낸 이메일을 학회원들에게 다음과 같이 공유하여 보내왔습니다.

I am very happy to hear that you have accepted the position of Editor-in-Chief of our Journal. Maintaining the quality of the Journal that has been built up over the past decades is a <u>tall order</u>, but we have every confidence in your ability to do so.

여기서 두 번째 문장 중 전반 부에 '지난 수십 년 동안 쌓아 온 논문집의 질을 계속 유지해 나감이 tall order이다'라는 이야기인데요. 키가 큰 오더인가요? 이것이 무슨 의미일지요?

'tall order'는 어려운 주문이라는 의미입니다. tall이라는 의미는 여기서 '큰', '거대한'의 의미로 '넘기 어려운'의 뜻이 내포되어 있습니다. 예를 들어 보겠습니다.

That's a tall order, but I'll try.
그것은 어려운 주문이지만 해 보겠습니다.

Winning six gold medals at the Olympic Games is a tall order, but not impossible. Mark Spitz won seven at the 1972 Olympics.
올림픽에서 여섯 개의 금메달을 따는 것은 무리한 요구인데요. 불가능하지는 않습니다. 마크 스피츠는 1972 올림픽에서 일곱 개를 땄습니다.

🅐 Do you think it is possible to build the bridge in time for the Olympics?
올림픽에 맞추어 다리를 짓는 것이 가능하다고 봅니까?

🅑 Hum… I think it is a tall order.
저는 그것이 무리한 주문이라 생각합니다.

tall 형용사에는 다른 의미도 있는데요, 'walk tall'하면 '자부심을 느끼다'입니다. 예를 들면, When I finally got a job after years of unemployment, I felt I could walk tall again. (수년간의 실직 후 드디어 직업을 얻었을 때, 저는 다시 자부심을 느꼈습니다.) 'walk tall'은 걷는 데 으쓱 으쓱하여 키가 쑥쑥 큰 듯 느껴짐이 연상되네요. tall talk은 호언장담 혹은 허풍을 의미합니다. I find him always indulge in tall talk.(전 그 사람이 늘 허풍 떠는 것을 보게 됩니다.)

2012년, 미국 Obama대통령이 제가 근무하는 외대로 연설하러 오기 몇일 전, 학교는 미국 대통령이 학교를 방문한다는 사실로 다소 흥분되었던 때였습니다. 당시 저는 TESOL대학원 부원장을 하고 있을 때였는데요, 함께 근무하는 외국인교수님께 이메일을 보내 짓궂은 장난을 한 적이 있습니다. 다음과 같은 내용이었습니다.

Today, I have been informed from the HUFS President's Office that President Obama wants to meet TESOL community: professors, staff and students. Please be prepared to meet him at 14:00 at #104 of Graduation Building, right after he addresses down in Minrerva Underground Complex. I think he has something to say to us. After the meeting at #104, all professors are invited to have a meeting with him over coffee in Dean's office. (오늘 외대 총장 비서실에서 연락이 왔네요. 오바마대통령이 TESOL 관련 교수와 스탭 및 학생 모두를 만나고 싶답니다. 오바마 대통령이 미네르바 Complex에서 연설하고 난 이후 2시에 대학원 104호에서 대통령을 만나니 준비해 주세요. 우리들에게 하실 말씀이 있으신 것 같습니다. 104호 회의 후엔 모든 교수님들은 원장실에서 오바마대통령과 커피를 들며 모임이 있습니다)

그랬더니 대부분 즐거워하면서 농담으로 잘 받아 주셨는데요. 그런데 캐나다 국적의 한 교수님이 이를 진짜로 믿고 이렇게 이메일 답을 하셨네요 ㅎㅎ.

Great news! It should be a fun and unforgettable experience!
좋은 소식이네요. 멋지고 잊지 못할 경험이 되겠습니다.

그러자 이를 읽은 미국 교수님 한 분이 그 캐나다 교수님의 답에 이렇게 답을 연이어 달아주셨어요.

I don't think Obama is that interested in getting the Canadian vote. Our vice-dean has an endearing prankster streak[1], I'm afraid, and you fell for it.
오바마는 캐나다인의 투표에 그리 관심없을 것 같습니다. 우리 부원장님이 사랑스런 장난꾸러기 기질을 가지신 것 같고요... 당신은 그 장난기에 넘어가셨네요.

fall for ~ 는 '~에 속아 넘어가다'의 의미를 가지고 있습니다. 통상 fall for 다음에 그 속게 만드는 대상이 나옵니다. 예를 들어, I said I was a pianist, and they fell for it. 나는 내가 피아노 연주자라 했더니 그들이 속아 넘어갔어요, He told me that he owned a mansion in California and I fell for it. 그는 내게 큰 집을 캘리포니아에 소유하고 있다고 말했고 나는 그것에 속아 넘어갔다. prankster streak는 장난꾸러기 기질입니다.

fall for 다음에 사람이 나오면 '홀딱 반하다' 의미로도 쓰입니다. 이민진씨의 잘 알려진 소설, 파친코 (Pachinko) 표지에 나오는 표현입니다.

Teenaged Sunja falls for a wealthy yakuza.
십대인 순자는 어느 부자 야쿠자에 홀딱 반하다.
He fell for her the moment he saw her.
그는 그녀를 보자마자 홀딱 반했어요.

[1] prankster streak 장난꾸러기 기질

88 That's my two cents anyway

그저 내 생각입니다

테솔전문교육원장을 할 때, 궁금한 영어표현이 있을 때면 함께 일하던 외국인 교수님에게 종종 물어본 적이 있었습니다. 감사하게도 친절하게 답변을 주셨는데요... 언젠가 wetback이라는 단어에 대하여 문의한 적이 있는데 이렇게 답이 왔습니다.

> The term would be racially offensive. That was definitely my first reaction. I personally wouldn't use it. That's my two cents anyway.
> 그 용어는 인종적으로 공격적이네요. 그것이 제 첫 느낌입니다. 개인적으로 저는 그것을 쓰지 않을 것입니다. 그저 내 생각입니다만요.

wetback이라는 단어는 미국에 밀입국한 멕시코인들을 비하하여 이르는 말입니다. 미국과 멕시코 경계인 Rio Grande River를 헤엄쳐서 넘어와 옷이 젖었음을 암시하고 있습니다. 그 외국인 교수님은 이 말이 미국 내의 모든 멕시코에 대한 부정적인 인식을 강화하고 있기에 쓰지 않음이 좋겠다는 의견을 주셨네요.

여기서 이 교수님이 마지막에 쓴 표현, That's my two cents anyway. 이것의 의미는 무엇일까요? 이는 자신의 생각을 공유할 때 쓰는 표현인데 겸손한 마음이 드러나 있습니다. '2센트짜리 의견, 즉 가치가 그리 많지 않은 의견인데 그저 겸손히 공유합니다'라는 의미입니다. 누가 묻지는 않았지만 자신의 의견을 조심스럽게 내어놓을 때 쓰게 됩니다. 이 표현은 종종 자신의 말이 끝나고 맨 마지막에 통상 쓰게 됩니다. 물론 anyway 없이도 쓸 수 있습니다.

THAT'S MY TWO CENTS

"I don't agree with what's happening. That's just my two cents anyway."
지금 진행되는 것에는 동의하지 않습니다. 그저 내 의견입니다.

혹은 Here's my two cents. 이렇게 먼저 이야기하고 자신의 의견을 시작해도 됩니다. (2 센트짜리 밖에 안되는) 자신의 의견을 겸손하게 말하면서 혹시 일어날 수 있는 가능한 논쟁을 미리 완화하겠다는 의도가 보입니다. Here's my two cents: We need to hire more employees. (그저 제 의견인데요, 우리는 더 종업원을 고용할 필요가 있다고 생각합니다.)

89 Beacon of light
한 줄기 빛, 희망의 원천

같은 학회에서 오랫동안 함께 했던 노년의 중국학자가 이제 연로한 나이에 건강상 이유로 부회장직을 그만두고 이제 다음 세대에 물려주고 떠난다는 소식을 접하고 나니, 여러 다른 나라 대표인 상임이사님들이 그 학자의 업적을 칭송하며 아쉬움의 메시지를 보냈습니다. 한 상임이사는 다음과 같이 보냈습니다.

For the past two decades Prof. Wen has been a beacon of light, dynamically developing the research agenda of our association. Wen 교수님은 지난 20년간 우리 학회의 연구 주제를 역동적으로 개발하며 희망을 주는 빛의 역할을 하였습니다.

beacon of light의 원래 의미는 등대에서 나오는 한 줄기 빛입니다. 통상 바다에서 배의 항로를 비추어주는 등대의 모습을 상상하면 됩니다. 그것이 곧잘 은유적으로 쓰이는데요, 즉 희망이나 혹은 경고를 주는 원천을 의미할 때 종종 쓰입니다. beacon of light를 종종 of를 생략하여 beacon light로, 혹은 아예 beacon만으로도 동일한 의미가 되기도 합니다.

He said Britain could become a beacon to the rest of the world.

그는 말하기를 영국이 여타세계에 희망을 주는 빛이어야 한다고 했습니다.

To be honest, this talk show has become a beacon of light in these dark times.

정직하게 이야기 하건데, 이 Talk Show는 이 어두운 시대에 한 줄기 빛 (희망의 원천)이 되었습니다.

The author's wish was that the library serve as a beacon light to help all human beings to help themselves.

그 저자의 소원은 저 도서관이 인류를 스스로 돕는 희망의 원천이 되는 것이지요.

So with this beacon light to guide us, let us examine some of the problems which we have had to face in these last few months.

우리를 인도하는 한 줄기 빛으로, 지난 수개월 간 우리 앞에 당면했던 문제들을 점검해 봅시다.

우즈베키스탄의 고대 도시이자 동서양이 만나는 실크로드의 대표적인 도시로 잘 알려진 Samarkand (사마르칸트)에 학회 발표차 간 적이 있습니다. 학회를 마치고 귀국하기 위해 사마르칸트에서 아침 일반열차를 이용하여 수도인 Tashkent (타슈켄트)로 4시간 남짓 걸려 12시 반에 도착하였습니다. 아침을 굶은 저는 역 주변에 먹을 곳이 없기에, 바로 공항으로 직행했습니다. 밤 9시 30분에 떠나는 비행기를 기다리면서 공항에서 식사를 할 생각이었는데요, 막상 공항에 도착해보니 공항 로비에 소규모 카페 하나 있을 뿐 식당이 없음을 알고 당황했습니다.

꼼짝없이 굶어야 하나보다 하고 기다리다가 그래도 3시경쯤 혹시 몰라 안내 데스크에 가서 문의하니 밤늦게까지 굶은 채로 지나야 하는 제 모습이 너무 안 되어 보였던지 데스크 직원 한 명이 우즈벡 음식을 먹을 줄 아느냐고 묻네요. 당연히 알고 지금까지 맛있게 먹었다고 했더니 자기를 따라오라고 합니다. 따라가 보니 공항 직원용 구내식당으로 안내합니다. 점심시간이 지난 식당이어서 그곳에서 먹을 수는 없었지만 남아있는 맛난 따스한 음식을 용기에 푸짐히 싸서 가지고 갈 수 있도록 배려해 주었습니다.

그 직원이 하도 고마워 몇 마디 물어보았습니다. 알고 보니 자원봉사 대학생이었고 우즈베키스탄외국어대 학생이네요. 밥을 먹고 난 후 카페에서 감사함의 표시로 초콜렛을 사서 안내데스크에 가서 선물로 나누어 주며 참 고맙다고 했고 우즈베키스탄 사람들의 친절함을 경험했노라고 말해 주었습니다. 쑥스러워하면서도 미소짓는 그 학생들의 모습이 순수해 보였습니다. 사진도 같이 찍었습니다.

나중에 한국에 와서 이 학생에게 고마움의 이메일을 보내자 이 학생이 다음과 같이 답을 보냈습니다.

Professor Lee, it was a pleasure meeting you. I hope our paths cross again.
이교수님 만나서 기뻤습니다. (인연이 되어) 다시 만날 수 있기를 바랍니다.

our paths cross가 우리의 길이 교차한다는 의미이니 의도된 것은 아니나 우연히 어디서 만나는 것을 의미합니다. 회사 동료나 거래처 사람인데 퇴사하는 때, 이제 딱히 연락할 일이 없는 사람이지만 오다가다 우연히 반가운 마음으로 만날 수 있다면 I hope our paths cross again. 이렇게 표현을 할 수 있습니다.

또 cross someone's path이거나 cross paths with someone 의 구문으로도 쓸 수 있습니다. 즉, I hope I don't cross his path./ I hope I don't cross paths with him. (그와는 다시 만나고 싶지 않습니다.)

외국여행 중에 기차를 타고 가는데 옆에 우연히 앉아있던 어떤 현지인과 즐겁게 이야기를 나누고 난 다음 이제 헤어져야 할 때, I hope I cross paths with you again. (당신과 다시 만날 수 있기를 바랍니다). 혹은 I hope our paths corss again. 이렇게 쓰면 되겠습니다.

91 Never a dull moment

전혀 지루함 없이 바쁘다

언젠가 주한 영국대사 (Mr. Simon Smith, British ambassador to Korea)가 출현한 영어라디오 방송을 차 안에서 들은 적이 있습니다. 그때 사회자가 우리나라에 부임하신 지 2년 되었는데 어떻게 보내셨 느냐는 질문을 던졌는데요, 그 때 영국대사가 이렇게 이야기함을 들 었습니다.

"I can honestly say to use a little bit of the English language cliche here; It has been never a dull moment". '약간 진부한 표현 이기는 하지만 솔직하게 표현해 보자면 '늘 흥분되는 경험으로 점철 된 순간'들이었습니다.

사실 보다 문법적인 문장이 되려면 'It has never been a dull moment.' 이렇게 되어야겠 지만 never a dull moment가 워낙 잘 쓰이는 고착화된 구문이어 never와 a dull momnet가 분리될 수 없었던 것 같습니다. never a dull moment는 늘 새롭고 흥미진진한 상황이어 전 혀 지루하지 아니함을 묘사하고 있습니다. '숨쉴 새도 없이 바쁘다'의 뜻으로도 쓰입니다.

평창 장애인올림픽 시작 이틀 전에 부임하여 거의 앉아있을 새가 없이 일할 수 밖에 없었는데 그 올림픽 이 끝나니 바로 남북정상회담이라는 빅 이벤트 가 있어 또 정신이 없었다고 하시네요.

우리 인생이 지루하지 않고 늘 생기있고 새로운 일로 가
득한 것도 복일 것 같습니다.

There's never a dull moment in my life.
내 인생은 지루할 틈이 없습니다.

연인 사이에 다음처럼 고백해 보시지요.

There's never a dull moment with you.
당신과 함께라면 결코 지루하지 않아요.

감칠맛 나는 맥락 영어 ——————— *Part.6*

06

감칠맛 나는 영어

동일한 의미이더라도 어떻게 표현하는가에 따라 언어의 맛이 다릅니다.

상황에 따라 마음에 적확한 단어와 구문을 찾아내고 써 보는 일은 매우 중요합니다.

제가 경험했던 상황 가운데 특별히 감칠맛 있어 더 맛깔나는 영어를 묶어 놓았습니다.

92 Who is the lucky lady?
행운의 그 여인은 누구인가요?

　이화여고에서 영어 교사로 재직하다가 미국 대학원 석사과정으로 간 것이 32살이었습니다. 당시 유학을 하러 간다고 하니 주변의 지인들이 현재 노총각인데 이제 가면 결혼을 하지 못할 가능성이 크다고 하였습니다. 그도 그럴 것이 그때 90년대 초만 하더라도 남성은 27~28세 여성은 25~26 정도에 대부분 결혼하는 분위기였기에 이미 32살인 노총각이 유학을 하러 간다고 하니 안쓰럽게 본 것이고 걱정해준 것이었습니다.

　사실 저도 은근히 고민이 되었기에 유학을 하러 가기 전에 선을 몇 번 본 적이 있습니다만 그것이 그리 생각만큼 잘 되지는 못하였습니다. 결국, 혼자 유학을 하러 가게 되었고 on-campus 기숙사에서 1년, 그리고 off-campus 아파트에서 1년을 지냈습니다. 그러다가 한국에서 제가 다니던 교회 청년부의 한 자매와 편지 교환을 하게 되었습니다. 당시는 아직 인터넷이나 핸드폰이 없었던 시절이니 이메일이나 카톡은 생각할 수 없었고, 한국과의 교신은 전화나 우편으로 하는 서신교환 뿐이었습니다. 미국에서 편지를 쓰면 열흘 정도 걸려 한국에 도착하였지요.

　맨 처음에 제가 미국에서 편지를 썼을 땐 갑자기 생각지도 않은 남자로부터 편지를 받고 그 자매가 답장을 쓸 생각조차 안 했겠지요. 그렇지만 제가 꾸준히 인내심을 가지고(?) 일주일에 두 번씩 편지를 써서 우편으로 보냈습니다. 그랬더니 마침내 석 달 정도 지나니 답장이 왔습니다. 우체통을 날마다 체크하며 기다렸었는데 답장을 보니 얼마나 감격적이었던지요. 편지의 내용보다도 일단 답장이 왔다는 것에 무척 기뻤고요. 어쨌든 그 이후로 편지 교제를 계속 이어나가다가 방학 중에 한국에 들어가 데이트를 하게 되며 1년 후에 드디어 결혼에 이르게 되었습니다.

　학기 말에 지도교수님께 겨울방학에 들어가 결혼한다는 말씀을 드리니 교수님이 제게 빙그레 웃으시면서 'Who is the lucky lady?'하시는 겁니다. 'lucky lady?' 제 아내 될 이를 보고 'lucky lady'라 하심은 교수님이 저를 잘 보신 것으로 생각되니 마음 한 결이 뿌듯했지요.

결혼 소식을 들으면 이렇게 이야기해 주는 것은 참 센스있는 표현이라 생각합니다. 비록 이 말이 일상적인 말이라 하더라도 듣는 이에겐 기쁨이 될 수 있는 감칠 맛이 있습니다. 어떤 상황에 부닥쳤을 때 적합한 말을 해주는 것, 참 중요하지요. 결혼 소식에 'Who is the lucky lady?'라고 반응하는 것 이외에도 아래와 같은 다양한 반응의 표현들이 있습니다.

Wow, congratulations on your wedding!
와우. 결혼을 축하해요.

Oh, you found someone to call your own. I'm really so happy for you.
오. 당신 자신의 그 사람을 발견했군요. 매우 기쁩니다.

Best luck to both of you.
두 분에게 행운이 있기를요.

Finally, my favorite couple decided to tie the knot. Congratulations!
드디어 내가 좋아하는 두 분이 결혼하기로 했군요. 축하해요!

Congrats on your marriage and best wishes for your future together.
결혼을 축하합니다. 함께하는 미래에 행운이 있기를요.

I'm so glad that you have taken such a big step together!
큰 걸음을 두 사람이 함께 내디뎠다니 기쁩니다.

93 Are you still working or are you through?

식사 중이신가요 아니면 다 마치셨나요?

학회 발표로 New York의 Manhattan에 갔을 때였습니다. 학회 기간 중 어느 식당에 점심을 먹으러 일행과 함께 갔습니다. 주문한 식사가 나오고 얼마가 흘렀을까요… 당시 저는 접시 위의 음식을 다 먹지 않고 약간 남겨 놓고 있는 상태였습니다. 함께한 사람들과 이런저런 이야기를 하고 있는데 갑자기 waitress가 오더니 "Are you still working or are you through?" 이렇게 묻는 것이 아니겠습니까?

working? 일하고 있다? 그럼 이것이 식사하는 장소에서 무슨 말일까요? 'Are you still working?'은 '당신은 아직 일하고 있는 중인가요?'의 의미이니, 결국 '당신은 아직도 식사 중이신가요?'의 의미가 됩니다. 식당에서 손님의 일은 식사하는 것일 테니 그리 의미를 유추할 수 있지요. 뒤에 'on it'을 붙여서 Are you still working on it?이라고 쓰기도 합니다. 여기서 it은 들고 있는 음식 그것을 지칭하지요. 그럼 'Are you through?'는요? through 부사로 '끝나', '마치고' 등등의 의미인데요. '식사 다하셨나요?'의 의미가 됩니다. Are you finished? 이렇게 이야기해도 되지요.

한국이나 미국이나 식당 테이블 위에 있는 접시를 서둘러 치우려고 하면 불친절하게 느껴지는 것은 마찬가지인 것 같습니다. 접시를 서둘러 치운다면 이제 다른 손님을 받아야겠으니 나가 달라는 무언의 압력처럼 느껴집니다. 특별히 함께한 일행은 여전히 식사 중인데 제가 다 먹었다고 해서 접시를 가지고 가는 것은 매우 비신사적입니다. 최고급 레스토랑에서는 이런 압박이 결코 없을 것이고 손님들이 편안하게 식사하도록 시간을 충분히 주는 편이지요. 앗, fast food 식당도 이런 압박이 없네요. 그리고 보니 중간층의 식당들이 눈치를 주는군요, 하하.

식당에서 종업원이 비슷한 말이더라도 'Are you still working on it?'(아직 식사 중인가요?) 이렇게 묻는 것보다는 'Are you still enjoying it?'(여전히 식사 맛나게 하고 계신 중이신가요?) 이렇게 물어주면 더 기분이 좋을 것 같은데 그렇게는 잘 안 할 겁니다. 왜냐하면 식사를 어지간히 다 하고 이야기를 일행과 나누는 중에 종업원이 'Are you still working on it?' 이렇게 물으면 손님 입장에서 'No'라는 대답이 나올 확률이 높지만, 'Are you still enjoying it?' 이렇게 물으면 'Yes'의 답이 나올 확률이 높기에 식탁 회전을 빨리하려고 하는 업주 입장에서는 'Are you still working on it?' 이 말을 더 선호할 겁니다.

맛있는 식사를 한다고 할 때 동사 enjoy를 쓰는 것이 재미있지요? 예를 들어 'enjoy the meal.'(식사를 즐기다.) 음식뿐 아니라 영화, 연주회, 전시회 등등에 있어 이 동사를 쓰면 세련된 표현력을 보일 수 있습니다. 예를 들어, I enjoyed the K-pop concert. 이렇게 쓰이네요.

아래 대화를 한번 살펴보면 working on it, 그리고 finish 또 enjoy가 함께 나오고 있으니 다양한 단어 사용의 맥락을 좀 더 파악할 수 있을 듯싶습니다.

Ⓐ Are you still working on it? 아직 식사 중이신가요?
Ⓑ No, I am finished with it. 아니요, 끝냈습니다.
Ⓐ I hope you enjoyed it. 식사 맛있게 하셨기를요.
Ⓑ I did. Thank you. 네, 그랬어요, 감사합니다.

94 What brings you here?

왜 이곳에 오게 되었는지요?

학기마다 두 차례 있는 한국외대 테솔전문교육원 입시 면접에서는 원어민 교수와 내국인 교수가 한 조를 이루어 면접합니다. 저와 같이 한 조를 자주 이루어 면접을 하는 원어민 교수님이 한 분 계시는데요, 미국에서 오신 S 교수님입니다. 성품이 좋으시고 친절하시며, 키는 매우 크신데 수줍어하는 부분도 있는 매력 만점의 교수님이시지요. 제가 원장이었을 때부터 그 교수님은 head teacher로서 행정적인 일도 함께하신 분으로 겸손하고 일을 말끔하게 잘해주셨습니다.

이분과 함께 면접에 들어가면 약 10여 분의 시간 동안 이분이 보여주는 지원자에 대한 관심과 집중 그러면서도 배려를 느낄 수 있습니다. 이분은 먼저 지원자가 자신을 소개하게 시킨 다음에 질문하는 내용이 있습니다.

'What brings you here?'입니다.

통상 자기를 소개하는 내용은 대부분의 지원자가 집에서 준비한 것이 있는 듯 영어문장을 수려하게 읊어내려갑니다. 자신의 홍보성 멘트와 함께 빠른 속도로 말하던 지원자들이 원어민 교수님의 이 질문을 정확히 이해하지 못하고 얼굴이 붉어지면서 굳어지는 경우가 있습니다.

'What brings you here?' 직역하면 '무엇이 당신을 이곳에 데리고 왔습니까?'입니다. 언뜻 질문의 의도를 파악하기 어려울 수 있는데요. 사실 우리 한국어 어법으로는 잘 쓰지 않는 형태이기에 당황하는 것 같습니다. 이 문장의 의미는 어떤 목적으로 지원하여 이곳에 오게 되었는지를 묻는 말입니다. 즉, 'For what purpose did you apply here?'입니다. 이 질문에 대한 답변으로 'Well, I have been teaching English for a long time, but now I feel I need more effective teaching methods. That's why I applied here.'(오랫동안 영어를 가르쳐 왔는데, 이제 보다 효과적인 교수 방법이 필요함을 느낍니다. 그래서 여기에 지원했습니다.) 이 정도로 해 주면 아주 우수한 답변이 될 것 같습니다.

아마 이 질문을 'Why did you come here?' 이렇게 표현했다면 아마도 지원자가 더 이해하기 쉬웠을 것 같습니다. 그러나 이렇게 했을 때의 느낌은 '왜 이곳에 왔지요?' 즉, 이곳에 온 것에 대하여 비난조로 취조하는 느낌이 있습니다. 'What brings you here?'가 훨씬 부드럽고 편안하게 느껴지게 합니다.

'What brings you here?' 이 문장은 소위 물주주어(物主主語) 구문입니다. 즉 사람이 아닌 무생물(사물이나 추상명사)이 주어로 나온 문장인데요. 이런 형태가 더 영어다운 표현이라 볼 수 있습니다. 예를 들어, 'Coffee keeps me awake at night.'(커피 마시면 잠 안 와요.) 이 문장과 동일한 의미의 'If I have coffee, I would be awake at night.' 이것을 견주어 볼 때, 첫 문장이 훨씬 더 간결하고 의미전달이 빠르면서 더 영어적인 표현이라고 할 수 있습니다.

통상 물주구문은 make, prevent, cause, bring, enable, force, keep, take 등등의 동사와 자주 쓰이고 있습니다. 예를 들어,

An hour's bus ride took him to the park. 그는 한 시간 동안 버스를 타고 공원에 갔습니다.
The heavy rain prevented us from going out. 폭우로 인해 우리는 밖에 나가지 못하였습니다.

유학생으로 미국에 있을 때 공부하는 학생 입장이니 경제적으로 풍족하지 않았습니다. 저는 당시 미국 정부가 가난한 이들을 위해 렌트비를 보조해주는 아파트에 거주했습니다. 또 박사과정 때는 GA(Graduate Assistant)를 함으로 등록금이 면제되고 생활비로 월 800불을 받았기에 그런대로 버틸 수 있었습니다만, 유학 시절 전반적으로 비용을 절약할 방법이 무엇인가 늘 고민했습니다.

테이블이나 의자, 탁자 등 가구를 구하는 것은 대부분 공부를 마치고 떠나는 유학생으로부터 얻었고요. 일반 생활용품은 garage sale할 때 샀습니다. garage sale은 개인 집에서 중고품을 한꺼번에 모아 내다 파는 것을 의미하는데요, 통상 차고(garage) 문을 열고 물건을 죽 진열해놓기에 생긴 말입니다. 지역 신문에 garage sale 안내 광고가 나오면 보고 찾아가는 것인데요. 주로 주말에 열게 됩니다. 때때로 부유한 동네에서 garage sale이 열리면 괜찮은 물건을 싼값에 많이 구할 수 있었기에 그런 경우엔 중국, 인도, 일본 유학생들도 많이 몰렸습니다.

어느 토요일 아침 아내와 함께 찾아간 garage sale에 이런 팻말이 붙어 있었습니다.

Five clothes for 10 dollars: you can mix and match.

'mix and match'는 섞어 맞추기입니다. 즉 종류가 달라도 숫자를 맞추는 것이지요. 그러므로 위 표현은 셔츠이든 바지이든 5개를 맞추어 10달러에 판매한다는 것이지요. 그럼 한 벌에 2불씩이니 매우 저렴한 편이지요.

통상 패션을 이야기할 때 'mix and match'를 많이 언급합니다. 서로 다른 패션 범위의 것들을 조화시키는 것을 의미하지요. 예를 들면 통상 재킷, 바지, 셔츠, 넥타이, 구두가 한 세트가 되는데 셔츠 대신 면티를, 구두 대신 운동화를 신는 등 부조화의 조화를 의미합니다. 또, fast food 광고에서도 본 적이 있습니다. 예전에 버거킹에서 TV 광고할 때 나온 말입니다. 'You can mix and match two large premium sandwiches for just five dollars.'(라지 프리미엄 샌드위치 중 두 개를 골라 단지 5달러에 구매할 수 있습니다.)

이렇게 mix and match처럼 두 단어가 늘 함께 짝을 이루어 의미를 나타내는 것들이 있습니다. 'rock and roll', 'bread and butter', 'the birds and the bees', 'wear and tear' 등등이 대표적입니다. 이를 'irreversible binomials'(불가변 이항표현)라고 부르는데요, 두 단어의 순서가 고정되어 있는 fixed order expression(고정 어순 표현)이라는 말입니다. 즉, 한 쌍의 단어가 특별한 뜻을 이루는데 특별히 두 단어의 순서가 바뀌지 않아야 하는 특징이 있습니다.

'rock and roll'은 잘 알고 있듯 1950년대 대중음악으로 지금도 유행하는 음악 장르이지요. 'bread and butter'는 버터 바른 빵, 또 'the birds and the bees'는 아이들에게 가르치는 성 지식을 의미하는데요. 왜 새와 벌이 아이들에게 하는 성교육과 무슨 상관인지 의견이 분분합니다만, 인간을 바로 이야기하면서 아이들에게 성과 출산을 가르치는 것에 대한 부담이 있으니 새와 벌을 비유로 하여 이야기함에서 비롯되지 않았나 싶습니다. 예를 들면 She's only six, but she already knows about the birds and the bees.(그 여자애는 여섯 살인데 벌써 성 지식이 있어요.) 또 'wear and tear'는 (일상적인 사용에 의한)마모를 의미합니다. 예로 Most tires will last for four years with normal wear and tear.(대부분의 타이어는 마모되기에 4년간 쓸 수 있습니다.) 이런 표현들은 마치 숙어처럼 특별한 의미로 외우면 좋겠습니다. 언어학습은 때로 분석이 안 되는 언어자료이더라도 그저 삼키는 것도 필요합니다.

Into the net
네트에 걸리다

영어는 배우면 배울수록 어렵다는 말을 많이 들었고 또 저 스스로
도 실감하고 있습니다. 표현 하나하나를 익히는 것이 시간도 많이 들
고 또 어렵습니다. 그렇다고 해서 겁을 먹을 필요는 없습니다. 다른
나라 사람이라고 해도 그들이나 우리나 인간의 감성이 비슷하기에 그
들이 하는 언어가 우리에게 절대적으로 어려워 이해 못 할 수는 없다
고 생각합니다. 또 실제 배워보면 어려울 것 같은 표현이지만 의외로
간단하게 표현하는 것들이 많습니다. 그 중의 하나를 소개합니다.

미군 부대 시절, 테니스를 치다가 '공이 네트에 걸리다'라는 표현을
어떻게 하는가 하고 고민한 적이 있는데요... '걸리다'라는 말이 있으
니 영어로도 뭔가 수동태가 나와야 할 것 같은 느낌인데 어떻게 해야
할지 감이 잘 안 잡혔습니다. 특히 '걸리다'라고 하는 표현이 애매했
습니다. be caught 이 표현만 입가에 맴맴 돌았는데요, 보다 잘 쓰이
는 표현이 있습니다.

공을 쳤는데 공이 네트에 걸리면 사용할 수 있는 표현이 'into the
net'입니다. 재미있는 것은 우리 말에서는 주로 수동적으로 표현하지
만 영어에서는 관습적으로 능동형으로 씁니다. 즉 '공이 네트에 걸렸
다'는 표현은 'The ball hit the net.' 이렇게 능동형으로 사용합니다
(여기서 hit은 과거형). 혹은 'I hit the ball into the net.' 이렇게도 표현
합니다.

테니스이던 축구이던, 탁구이던 '네트에 걸린다'라고 할 때 'into the net'을 사용하세요.

Soccer ball flies into the net on a stadium. 축구공이 날아가 경기장 네트에 걸립니다.

If the ball hits the net but still bounces on the opponent's side of the table, the rally continues. (탁구)공이 네트에 걸렸으나 여전히 상대방 지역에 떨어지면 랠리는 계속됩니다.

97 A big no-no
절대 안 됩니다

제가 연구년 당시 머물렀던 Davis 인근에 Woodland라고 하는 소도시가 있습니다. 그곳의 Opera Hall에 몇 번 가보았던 적이 있는데요. 붉은 벽돌로 지어진 고딕풍의 고상한 공연장이었습니다.

지금도 기억나는 공연작이 Les Miserables(레미제라블)이었는데 조그만 시의 극단이었음에도 매우 열정적으로 실감 나게 연기하는 배우의 모습이 기억납니다. 특별히 여관주인인 Thenardiers(테나르디에)역을 개성 있고 감칠맛 나게 한 것이 매우 인상적이었는데요. 이전에 뉴욕 Broadway(브로드웨이)에서 보았을 때 그 역할 했던 이보다 훨씬 더 개성적이고 강렬했습니다. 그 이후에 한국에 와서 그 작품을 영화로, 또 연극으로 더 보았습니다만 그때의 그 공연만큼 인상적이지는 않았던 것 같습니다.

조그만 도시의 공연장으로서 지역주민들을 위한 여러 행사가 열리는데 수준도 꽤 높은 것을 보면서 참 부럽고 또 지역주민들과 다양한 소통을 하는 것도 새롭게 느껴졌습니다. 공지사항 하나에도 신경을 쓴 듯한 느낌이었지요.

이 Opera Hall의 입구에 보면 다음과 같은 공지가 붙어 있었습니다.

'Cell phone, camera and video camera are a big no-no.'

여기서 big no-no라고 하는 말이 눈에 다가왔습니다. 혹시 no가 두 번 있으니 부정의 부정, 즉 이중부정이어서 결국 긍정의 의미이냐고 생각하는 분이 있을지도 모르겠습니다만, 여기서는 마치 어린아이들에게 하듯 no를 강조해서 두 번 쓴 것으로 절대로 안 된다는 것을 의미합니다. 적절치 못하거나 위험하다거나 하여 금지할 때 쓰입니다. 위에서 big이라고도 써서 강조했으니 절.대.로. 절.대.로. 안 된다는 이야기이네요. 즉 '휴대폰, 사진기, 비디오카메라 등은 절대 사용금지'라는 의미입니다.

통상적으로 어린이들과 이야기하면서 절대 금지를 의미할 때 no-no 이렇게 두 번 쓰게 되지요. 그러나 때때로 어른들에게도 특정 장소와 특정 시간에서 허용되지 아니한 물건이나 행동을 보이면 'no-no' 이런 표현을 함이 재미있습니다. 그저 'No Cell phone, No Camera' 이런 식으로 하는 것보다 더 친근감 있고 상냥한 듯하여 기분이 좋았습니다.

'no-no'는 마치 명사처럼 쓰입니다. 'Smoking is a no-no here.' 이렇게 쓰이는데요, 바로 앞에 부정관사가 오며 또한 형용사가 앞에 올 수 있습니다. 형용사가 앞에 올 때는 주로 'no-no'를 강조하는 의미가 옵니다. 예를 들어, 'a big no-no, a definite no-no', 'a complete no-no', 'an absolute no-no', 'a real no-no' 등으로 쓸 수 있습니다. 예문을 보지요.

Total nudity is still a definite no-no on most of Europe's beaches.
완전한 나체는 대부분 유럽의 해변에서 여전히 분명하게 금지됩니다.

Smoking indoors is becoming a real no-no these days, in many places.
실내 흡연은 요사이 많은 장소에서 절대 허용되지 않습니다.

Beards are an absolute no-no in the military of many countries.
수염은 많은 나라의 군대에서 절대 용납하지 않습니다.

98 That's not appropriate
적절한 태도가 아닌데...

아이가 미국 초등학교에 가게 되면서 배운 영어를 집에서도 쓰는 일이 일어났는데요,,, 아이가 잘 썼던 말 가운데 'That's not really appropriate'이 있습니다. 아빠인 제가 아이에게 장난을 걸기 위해 일부러 과장된 행동을 하면 아이가 짐짓 어른스런 모습으로 고개를 절래 절래 흔들면서 이 말을 하는 겁니다.

사실 appropriate이 그리 쉬운 단어는 아니기에 스스로 공부해서 알게 된 것은 아닌 것 같고 주변에서 들은 말임에 틀림이 없었습니다. 물어보니 아이는 이것을 학교에서 잘 듣는 말인데 선생님이 잘 쓰실 뿐 아니라 아이들도 잘 쓴다는 겁니다.

같은 반에 러시아에서 온 Ivan이라는 아이가 있는데 좀 산만한 친구랍니다. 수업 중인데 혼자 일어서서 사물함에 소리 내어 몇 번이고 왔다 갔다 하더니 지우개를 가지고 와 옆에 앉은 아이의 머리 위에 지우개를 올려놓는 모습을 선생님이 보시고 'Ivan, that's not appropriate.' 이렇게 하셨다네요. That's not appropriate는 '그것은 적절한 태도가 아니다'라는 말이지요.

'적절한', '올바른'이란 의미의 appropriate는 초등학생에겐 조금 어려울 수 있습니다만 수업시간에 맞는 적절한 행동을 배우고 실천해야 하는 초등학생에게 의미상으로는 낯설지 않는 단어입니다. 선생님이 수시로 사용하는 단어이고, 아이들도 아직 미숙한 연령이지만 나름 자신의 판단에 따라 많이 사용하는 단어입니다.

appropriate의 반의어는 앞에 in을 첨가하여 inappropriate로 씁니다. 그러니 That's not appropriate는 That's inappropriate로 쓸 수도 있지요. appropriate가 또한 동사로 쓰일 때가 있는데요, 그 때 의미는 '(돈이나 물건을) 전용(도용)하다'의 의미가 됩니다.

🅐 Don't throw the plastic bottle in the can. That's not appropriate.
This is only for paper.
이 통에 비닐병을 버리지 말아요. 적절치 않아요. 이것은 종이를 넣는 곳입니다 .

🅑 Oh, I thought it was OK to do that in that can. Sorry.
여기에 버려도 괜찮은 줄 알았어요. 미안...

🅐 Look at this little dog. She is so cute. I wanna share a chicken bone with her.
이 작은 강아지 보세요. 귀엽네요. 닭뼈를 나누어 주고 싶어요.

🅑 Oh, that's not appropriate. A chicken bone could be fatal to a dog.
아... 적절치 않아요. 닭뼈는 개에게 치명적일 수 있어요.

99 I find him hard to read.

그분을 이해하기 어려워요

　제가 재직 중인 한국외국어대엔 외국인 교수님들이 국내 대학 중 가장 많이 근무하고 있습니다. 45개의 언어를 가르치고 있는 곳이니 그럴 만도 한 것 같습니다. 세계 각국에서 200명이 넘는 외국인 교수님들이 전임으로 가르치고 있습니다.

　학내에서 다양한 외국인 교수님들을 만나게 되는데요, 대학에서 외국인 교수님들과 함께 일을 하는 데 필요한 것들이 있습니다. 그것은 그분들에게는 이곳이 외국 땅이니 타국인으로서 어려움을 순간순간 가지고 살아가고 있음을 이해하고 그분들의 다양한 의견에 마음을 오픈하여 공감하는 것입니다. 또, 국제 기준과 감각을 가지고 가능한 내국인들과 같이 그분들을 공평하게 대해주는 것입니다. 그러나 실제 함께 일을 하다 보면 서로 간의 문화나 관습의 차이로 인해 오해도 있고 의사소통에 미묘한 갭을 느끼는 경우가 많이 있습니다.

　제가 원장으로 있었던 테솔전문교육원에서 외국인 교수님 한 분과 직원 한 분간에 오해가 있었습니다. 그 오해를 풀기 위해 서로 커피타임도 가지기도 했지만, 이후 그분이 제게 쓴 이메일을 보면 말끔히 정리되지는 않았나 봅니다. 이렇게 보내왔네요.

Mr. Min and I had coffee the other day, but frankly I find him hard to read.
민 선생님과 커피타임을 같이 하였지만, 솔직히 말하면 그는 이해하기 어려운 사람입니다.

　여기서 'read'의 의미는 '말하는 것이나 행동을 보고 그 사람의 생각이나 느낌을 이해하는 것'을 의미합니다. 예를 들어,

If you have to work in a team, you must learn to read people.
만약 팀에서 일하길 원한다면, 당신은 사람의 마음을 이해해야 합니다.

이 의미를 근간으로 하여 조금 더 나아가 숙어 'read someone like a book'은 '어떤 이의 마음과 동기를 이해하다'의 의미입니다. 예를 들어,

How great it is to have a best friend who reads you like a book?
내 마음을 그대로 이해하고 있는 친한 친구가 있음을 얼마나 좋은 일인가?

His mother could read him like a book.
그의 엄마는 그 아들의 마음을 잘 알고 있었다.

'read'가 무전기로 대화할 때는, hear 혹은 understand의 의미로 쓰이니 재미있습니다.

Alpha-Bravo-Zulu 643 to Tony, do you read me? Over.
알파-브라보-줄루 643이 Tony에게 송신함. 들립니까? 오버.

We read you loud and clear Tony. Over.
당신 목소리 크고 깨끗하게 들립니다. 오버.

영국에서는 특히 read가 특정 학문을 '공부하다'의 의미도 있음을 유의하세요. 예를 들어,

After attending Edinburgh University he went to Sussex University to read English Literature.
에든버러대를 다니고 난 이후에 그는 서섹스대학에서 영문학을 공부했습니다.

100 Stack up

점점 증가하여 많아지다

몇 년 전에 미국 학회 참석차 내린 곳이 Chicago의 O'Hare(오헤어) 공항이었습니다. 그리고 국내선으로 갈아탔는데요, 비행기가 taxi(주기장에서 활주로로 천천히 달리는 것을 가리킴)하면서 메인 활주로 방향으로 나아가니 많은 비행기가 이륙을 위해 줄줄이 긴 행렬을 이루고 있음을 창문을 통해 볼 수 있었습니다.

시카고 O'Hare 공항은 혼잡하기로 유명한 공항 중 하나입니다. 연간 약 8천만 명의 승객이 이용하는 곳으로 세계적으로는 여섯 번째요, 미국에선 Atlanta와 L.A에 이어 세 번째로 분주한 공항입니다. United 항공사의 허브공항이기도 하고요. 유명한 가족영화였던 'Home alone I(나 홀로 집에 I)'에서 전반부에 비행기 시간에 늦지 않기 위해 가족 전체가 들고 뛰던 그곳이 바로 시카고 O'Hare 공항이지요. 막내는 집에 남겨 둔 채로 말이지요.

창가 석에 앉아 있었던 저는 이 긴 행렬을 보고 'Look at them. Many airplanes are standng in a long line.'이라는 말을 썼습니다. '비행기들이 줄 서 있다.'라는 표현을 이렇게 표현한 것입니다. 그랬더니 옆에 앉았던 어느 미국인 중년 부인이 창밖을 보더니, 'Yea, they are stacking up' 이렇게 이야기하는 겁니다. 순간 'stack up'의 표현을 알아듣지 못했는데요. 맨 처음 저는 이를 'stepping up'의 표현으로 알아듣고는 좀 의미가 이상하다는 느낌이 들었습니다. 'step up'은 '앞으로 다가가다'의 의미이거든요.

확인해 보니 이는 'stack up'이었습니다. stack의 의미 자체가 '무더기', 혹은 동사로 '쌓다'의 의미가 됩니다. 그리하여 'stack up'은 '점

점 증가하여 양이 많아지다'를 의미합니다. 비행기가 점점 많아져 밀리고 있음에 대하여 제 표현, 'stand in a long line'도 사실을 묘사하는 데 있어서 굳이 틀린 말은 아닐 것입니다 다만 이는 단지 상태를 의미하고 있다면 'stack up'은 점점 수가 많아져 양이 늘어가고 있음을 표현하는 적절한 말이라 볼 수 있겠습니다. 예를 들어,

> Planes stacked up at Heathrow after an accident on the runway.
> 히스로공항에서 일어난 사고 이후 비행기들이 활주로에서 (점점 증가하여) 정체되고 있습니다.

이 문장에서 보듯 활주로에서 사고 여파로 비행기들이 'stack up' 되고 있음, 즉 정체되고 있음을 말하고 있습니다. 또, 착륙하기 위하여 하늘에서 비행기들이 순서를 기다리고 있을 때도 'stack up'은 잘 쓰입니다. 예문을 보겠습니다.

> Problems in the industry have stacked up in recent months.
> 산업에서 문제는 최근 몇 달 동안 증가하고 있습니다.
>
> Cars quickly stacked up behind the bus.
> 차가 버스 뒤에서 속히 늘어섰습니다.
>
> Those newspapers have been stacking up in the basement since we moved here.
> 우리가 이사 온 이후 신문이 지하에 쌓였습니다.

101 If you know what's good for you

어떤 것이 좋은지를 안다면

공공장소에서 아이들이 무질서하게 놀고 있는 것에 대해 부모가
제지하기보다 물끄러미 바라보기만 하고 혹은 대견하다는 듯 옅은
웃음을 띠고 바라보는 현상은 한국인 부모들에게 종종 있는 일입니
다. 고속버스나 기차역 대합실에서 아이들이 들고 뛰는 것을 보고 그
부모들이 아무런 제지도 하지 않고 혹은 소극적으로만 대처하는 것
을 볼 때가 있습니다.

미국에 있을 때 한국인 유학생들을 대상으로 논문을 쓰기 위해 인
터뷰를 하러 주일에 한인교회를 방문한 미국 대학원생이 조그만 아
이들이 교회 복도를 뛰어다니며 괴성을 지르는 것을 매우 의아하게
생각하는 것을 본 적이 있습니다. 또 아이들의 그런 행동을 보고도
부모들이 적극적으로 제지하지 않는 것에 의문을 가지더군요.

서양의 부모들은 아이들이 절대로 공공장소에서 다른 이들에게 폐
를 끼치는 행동을 못 하도록 지도할 뿐만 아니라 그런 일이 발생하면
적극적으로 따끔하게 혼내는 것을 봅니다. 공공장소에서의 아이들
의 무질서한 행동은 엄격하게 지도해야 할 사항으로 알고 있지요. 한
국의 엄마들 가운데엔 그렇게 혼내는 것이 아이들 기를 죽게 만들 수
있어 안 하는 이들이 있다고 하니 이해를 못 하더군요.

유학 중에 큰 마트에서 각종 찬거리를 보고 이제 계산대 앞에 줄
서 있는데요. 제 앞에 5~7세가 되어 보이는 어떤 남자아이와 그 엄
마가 서 있었습니다. 그런데 보니 엄마가 아이를 혼내고 있었습니
다. 그 이유는 잘 모르겠습니다만 엄마가 아이에게 'Don't ever do
that again if you know what's good for you.'(어떻게 함이 좋은지 안

다면 다시는 그것을 하지 마라)라고 따끔하게 이야기합니다. 그리고는 이어서 눈을 크게 뜨고 아이 눈높이에 맞추어 눈을 마주치며 'Do you understand?'합니다. 통상 마트에서 엄마들이 아이들 혼내는 이유는 장난감 사달라고 도가 지나치게 칭얼거린다거나 혹은 장난하거나 떠들거나 하는 것들인데요. 아이를 분명하게 경고하고 혼내는 엄마의 태도가 인상적이었습니다.

'If you know what's good for you'는 일종의 경고를 하는 말입니다. 즉, '어떤 것이 좋은지를 안다면~'의 의미인데요. 스스로 처신을 잘하라는 의미이지요. 마트에서 그 엄마가 한 이야기는 '다시는 그런 짓 하지 마, 네가 어떻게 하는 것이 좋은지를 안다면 말이야.'라고 이야기하는 것입니다. 아이가 엄마의 경고에 움찔하면서 고개를 끄덕이는 것을 보았습니다. 예를 들어보면,

You'll keep your mouth shut about this if you know what's good for you!
어떻게 하는 것이 좋을지를 안다면 이것에 대해 입 다물고 있어!

Oh, you'll be on time for the meeting, if you know what's good for you.
오. 어떤 것이 좋은지를 안다면 회의 시간에 맞게 오세요.

If he knows what's good for him, he'll stop calling me that.
만약 어떤 것이 좋은지를 안다면 그는 나를 그렇게 부르지 않을 거야.

참고로, 'Good for you!'만 따로 쓰면 '잘했구나', '잘됐어', '축하해'의 의미로 쓰입니다. 예를 들어, 'You passed the test? Good for you.'(시험에 합격했어? 잘됐어.)

102 Been there done that
다 겪어본 일이야

비가 온 다음 날, 날씨가 화창합니다. 점심 식사 후 즐거운 마음으로 원어민 교수님과 걷고 있는데 마침 빠른 속도로 지나가는 차가 전날의 비로 인해 흥건히 물이 고인 웅덩이를 통과하는 바람에 흙탕물이 옷에 튕겼고 얼룩이 심하게 졌습니다. 당황해하고 있는데 그 교수님이 이렇게 이야기합니다. "Been there done that."

무슨 말일까요? 이것은 'I have been there and I have done that.'의 준말입니다. 'have+과거분사'가 쓰여 현재완료의 경험을 나타내는데요, '~한 적이 있다'라는 의미가 되는 것이지요. 그리하여 이 문장의 뜻은 '거기에 가본 적 있고 그것을 해본 적 있다'입니다. 그 문장을 줄여서 'been there done that'한 것입니다. 통상 곤란한 일을 당한 사람에게 공감하며 위로하는 마음으로 '나도 경험해보았지요.' '나도 그것을 좀 아는데 말이에요.' 등의 의미로 맞장구를 칠 때 쓰입니다.

학교 다닐 때, 집에 숙제를 놓고 온 경우 이런 경험 아마 누구에게라도 있었을 것 같습니다. 그때 'I forgot my homework at my house!'하면 옆 친구가 'Been there, done that.'
하면서 공감해주고 위로해줄 수 있겠네요. 또 무엇인가를 어디에 두었는지 몰라 헤매는
친구에게 이렇게 공감해줄 수 있습니다.

Ⓐ I lost my cell phone. I don't know where I put it.

신용카드를 잃어버렸어요. 어디에 두었는지 모르겠네요.

Ⓑ Oh, that's too bad. Been there done that.

그것참 안 되었군요. 저도 그런 적 있습니다.

위 공감과 위로 차원의 말 이외에도, 상대방의 의견에 대해 이미 알고 있으니 가볍게 묵
살하며 어떤 새로운 것을 원할 때 쓰입니다. 예를 들어, 아래 대화를 보면 다른 이의 제안
을 가볍게 묵살하고 있네요.

Ⓐ Hey, do you want whitewater rafting?

여보게, 래프팅?

Ⓑ Well. been there, done that. Let's do something more exciting.

다 해보았어. 더 흥미로운 걸 하자고!

아래 대화도 피자에 관심 없다는 말입니다.

Ⓐ I hear there is another new pizza restaurant starting up downtown .

새로운 피자 식당이 시내에 문을 연다네.

Ⓑ Been there, done that.

별로 흥미 없어.

Been there done that 뒤에 got the t-shirt를 뒤에 붙여서 이야기하는 경우도 있습니다
만 의미로는 동일합니다. 이는 어느 관광지에 다녀오면서 다른 이들에게 그곳을 다녀왔다
고 보여주기 위해 산 T-shirt에서 유래합니다.

Ⓐ I've tried so many diets in my life.

내 생애 많은 다이어트를 해보았어요.

Ⓑ Oh yeah, been there done that, got the T-shirt.

오 예. 나도 해보았지요.

Pass out
실신하다

　유학 중에 일어난 일입니다. 여느 날의 아침처럼 학교에 가려고 아내와 함께 준비하고 있는데 전화벨이 울렸습니다. 아침 일찍 무슨 전화인가 하며 받았는데 간호학을 전공하는 여학생이었습니다. 그런데 전화기 저쪽에서 들리는 소리가 심상치 않았습니다. 훌쩍훌쩍 우는 소리가 들리는 것입니다. 깜짝 놀라 무슨 일인가 보니, 아침에 한국에 있는 가족으로부터 갑작스러운 연락을 받았는데 아버님이 돌아가셨다는 청천벽력의 소리를 들었다는 겁니다. 그러면서 비행기 표를 지금 급히 예약해놓았고 지금 가야 하니 공항까지 바래다 달라는 간청이었습니다.

　서둘러 그녀의 집으로 가 보니 갑작스러운 비보를 접한 이 여학생은 안절부절못했습니다. 공항 가는 차 안에서 이런저런 말로 위로를 제 나름대로 해보았지만, 상심은 매우 커 보였습니다. 사실 유학 중인 학생들에게 고국으로부터의 가장 겁나는 소식은 연로하신 부모님의 건강 문제입니다.

　공항에서 수속을 받고 탑승 게이트까지 배웅을 나갔습니다. 그때만 해도 911 사태 전이어서 환송객이 탑승 게이트까지 배웅을 나가곤 했습니다. 비행기 문이 닫히고, 저도 심란한 제 마음을 다스리며 비행기를 보고 있는데 갑자기 안내방송이 들렸습니다. 그 여학생의 이름을 부르면서 그 친구 되는 사람은 지금 게이트를 통과하여 비행기 안으로 빨리 들어오라는 이야기입니다. 들어가니 스튜어디스가 저를 보자마자 "She passed out."이라고 했습니다. 저는 그때 이 말의 의미를 잘 몰랐습니다. 상황으로 볼 때 '그 학생에게 뭔 문제가 일어났구나' 직감적으로 느꼈을 뿐입니다.

스튜어디스는 당황해하는 저를 데리고 그 여학생에게로 갔는데요, 그녀는 반실신 상태였습니다. 'pass out', 이는 '의식을 잃다'라는 말입니다. 'faint'와 동일한 뜻입니다. '해롱해롱하다', '실신하다'는 의미입니다. 출발하려다 여학생의 상태를 목격한 스튜어디스들이 이 학생을 business class 좌석에 앉히고는 물을 마시게 하고 있었습니다. 그러면서 저보고 아무래도 이런 상태로는 비행이 힘드니 이 학생을 데리고 내리라고 하는 것입니다.

의견을 학생에게 물어보았으나 이 학생이 큰 소리로 이야기합니다. "No. I've got to go. Let's go."라고 큰소리로 외쳤습니다. 난처해진 스튜어디스가 이 학생을 들어내려 했으나 그것도 잘 안되고 이 학생은 계속해서 "I need to go, now." 합니다. 사실 이 학생은 New York에서 갈아탈 비행기 시간이 있기에 이 비행기로 가야만 하는 입장이었습니다.

그러자 상황을 지켜보던 남자 승무원이 제게 의견을 묻습니다. "She passed out. Do you think she can go?" 그 질문을 받아 저도 다급하여 이 학생에게 귀에 대고 물었습니다. 그러자 '갈 수 있으니 염려 말라'며 고개를 끄덕입니다. 정신은 어느 정도 있어 보였습니다. 그리고는 "Let's go… Let's go." 하며 빨리 가자는 손짓을 합니다. 그러자 사무장이 결심한 듯 "OK, Let's go."하며 스튜어디스들에게 눈짓합니다. 저는 비행기에서 내렸고 비행기는 천천히 활주로를 미끄러져 나갔습니다. 저는 비행기가 이륙하는 모습을 애잔한 마음이 되어 끝까지 지켜보았습니다.

'pass out'의 몇 가지 예를 들면,
People in this area passed out from the heat. 이 지역 사람들은 더위에 기진맥진했다.
He was hit on the head and passed out. 그는 머리를 맞고 실신했다.

otherwise
(만약) 그렇지 않으면~

유학 시절을 가만히 되돌아보면, 외로운 유학생들을 도운 많은 손
길이 있었음을 생각할 때 참 감사한 일입니다. 특히 한인교회에서
베푸신 사랑은 무척 큰 것이었습니다. 결혼하지 않고 싱글로 유학을
간 저같은 경우는 더더욱 큰 사랑을 느꼈는데요... 주일예배 후 점심
식사하고 난 다음에 남은 불고기, 나물 등 반찬과 국을 교회 어른들
이 잘 챙겨서 주신 것이나, 또 주말 저녁에 교회 어른들이 집집마다
돌아가면서 싱글 유학생들을 초대해 먹여주신 것도 지금 생각해 보
면 감사한 기억으로 남습니다.

그뿐만 아니라 학교 인근의 현지인들이 유학생들을 성탄절 즈음
에 한두명을 초대하여 따스한 저녁 식사를 함께 한 것도 기억에 남
는 일입니다. 지금처럼 인터넷이 있던 시대가 아니니 한국 관련한
뉴스 정보를 알 수 없었고, 이메일, 카톡 등도 없던 때이기에 외로움
이 종종 느껴지곤 했는데, 초대해 주는 분들이 참 감사했습니다. 저
와 같이 갔던 스페인 학생이 이렇게 말하더군요. Thank you for the
invitation. I would have been lonely otherwise. (초대에 감사합니다.
안 그랬으면 (즉, 초대 안해주셨으면) 외로왔을거예요.)

현지인뿐 아니라 같은 처지인 유학생끼리도 서로 도우며
살았는데요, 아이슬란드 출신 유학생 부부 집에 초대되
어 갔을 때입니다. 아마도 프로젝트를 함께 하면서 제
가 조그만 도움을 준 것에 감사를 표하고 싶었던 것 같
습니다. 그 부부도 유학생 신분이니 매우 절약하며 검
소하게 사는 부부였고 음식도 깔끔하고 정갈하였는데
요, 한 음식이 다소 특이한 맛이 느껴져 어떤 음식인가
물었더니 옆에 있던 남편이 이렇게 대답했습니다.

Well, it is made from shark that would otherwise have been thrown away. (이 음식은 그렇지 아니하였으면 버려졌을 상어로 만들어진 것입니다). 그린란드 상어의 살은 독성이 있어 발효시켜야만 먹을 수 있게 되는데요, 하우카르틀 (Hákarl)이라고 불리는 이 아이슬란드 전통음식은 그렇게 해서 탄생했습니다. 마치 우리네 삭힌 홍어 같은 냄새가 나서, 요리전문가들조차 이것이 끔찍한 맛이라고까지 하는데 이것을 살짝 맛보았습니다.

위에 otherwise가 들어가는 이 표현은 사실 한국인에게 그리 쉬운 구문은 아닙니다. otherwise는 '(만약) 그렇지 않으면~'의 뜻입니다. 이것이 현재완료 꼴과 함께 쓰여져 '~ 했었을 터인데..'하는 가정법을 담고 있습니다. 실제 그리하지는 않았습니다만 그렇게 했었을 수도 있었다라는 의미입니다.

예를 더 들어보면, He adopted a rogue elephant that would otherwise have been shot. (그는 그렇지 아니하면 총에 맞아 죽었을 (무리에서) 동떨어진 코끼리를 입양했습니다). 즉 실제 총에 맞아 죽지는 않았지만, 여기서 otherwise와 함께 쓰여져 그렇지 아니하면 총에 맞아 죽임을 당할 수도 있었던 그 코끼리가 되는 것이지요. rogue는 '무리를 떠나 혼자 사는'의 의미가 있습니다.

I have reminded him several times; otherwise, he would have forgotten about the meeting. '그에게 몇 번이나 상기시켜 주었습니다; 그렇지 아니하였으면 그는 그 회의에 대해 잊고 있었을 것이지요.' 즉, 실제 잊지 않았지만 만약 상기시켜 주지 아니하였다면 잊었을 것이라는 의미입니다.

105 Are you leaving?
여기를 나가시나요?

Parking이라는 단어는 이제는 우리도 종종 사용하는 말이기에 익숙해 있습니다. 공원 (park)을 연상시키지만, 이 단어는 주차하는 것을 의미하지요. 자주 쓰이는 말인 주차장은 'lot', 즉 '빈터'라는 의미의 이 단어를 뒤에 붙여 'parking lot'이라고 합니다.

한국 유학생 중 미국 생활 하면서 'parking violation ticket'(주차위반 티켓)을 아마도 안 받은 사람이 없을 것입니다. 왜냐하면 미국은 우리보다 매우 엄격한 잣대로 주차위반을 단속하고 있습니다. 우리는 '주차금지'라는 표지판 아래에 버젓이 주차해 놓아도 걸리지 않는 경우가 많지만, 미국에서는 우리 식의 생각대로 적당히 주차하다간 100% 티켓을 받 습니다.

경찰들이 학교 내에서 자전거를 타거나 조그만 전용 삼륜차로 수시로 돌아다니며 주차 위반을 단속하지요. 반드시 주차할 때, 내가 할 수 있는 곳인지 표지판을 잘 살피고 그에 따라 해야 합니다. 예를 들어 학교에서 주차 가능지역이 어디인지 미리 학교 지도를 참조 하여 숙지하고 현장에서 표지판 지시에 따라 해야 하지요. 학생들이 슬쩍 교수님 주차지 역에 하거나 학교의 방문객이 학생 주차 지역에 했다가는 반드시 티켓을 받습니다. 장애 인 용 주차구역에 슬쩍 주차하는 것은 비인도적인 처사로 간주하여 더 많은 벌금이 부과 됩니다. 그러니 아무리 주차할 곳이 없어도 장애인용에는 절대로 안 하게 됩니다.

제가 위에 100%라고 이야기하는 것은 제 경험입니다. 조금 늦게 학교에 와서 주차지역 이 꽉 차 있을 때 급한 마음에 적당히 그럴듯한 곳에 주차하고 나중에 와 보면 100% 반드 시 차에 티켓이 놓여 있었습니다. 소화전 옆이 비어 있어 거기에 했더니 티켓을 먹었고요. 황량하기까지 한 그 넓은 학교의 정말 한가한 이면도로 코너에 했더니 또 받았고요. 하나 하나 이렇게 배우고 나니 후에는 주차하기에 적법한 곳인지 세밀하게 살피게 되었고, 절대로 주차 가능한 지역이 아니면 안 하게 되었답니다.

　학교는 오전 9시 반경쯤이면 이미 주차할 곳이 다 차게 됩니다. 10시경쯤 학교에 오는 학생들은 주차할 곳이 없기에 주차장 입구에 차를 죽 열 지어 세워놓고(마치 도시의 택시 승차장에서처럼) 일을 마치고 주차장에 세워 놓은 자기 차로 가는 학생들을 졸졸 차로 따라가서 빠져나가는 그 자리에 주차하곤 한답니다.

　하루는 미국에 온 지 얼마 안 되는 어느 한국인 여학생이 정오경쯤 도서관에 있는 저를 보더니 큰일 날 뻔했다며 놀란 모습으로 이야기했습니다. 자기가 급한 일이 있어 지금 막 집에 가려고 주차장으로 가는데 차에 턴 어떤 미국 남학생이 자기한테 뭐라고 말을 걸더니 차를 천천히 몰면서, 차를 찾고 있는 자기를 졸졸 따라서 오더라는 것입니다. 놀란 이 학생은 이 미국 학생이 나쁜 사람인 것 같아 자기 차에 못 가고 빙빙 주차장을 돌다가 결국 도서관으로 들어와 버렸다며 놀란 가슴을 쓸어내리고 있었습니다. 그러면서 자신이 너무 매력적이었나 보다고 농담 반 진담 반으로 이야기합니다.

　저는 진상을 알았으나 끄덕거리며 그 학생을 실망하게 하지 않도록 가만히 있었습니다. 사실은 그 미국 학생은 주차하기 위해 기다리던 중이었을 것이고 아마도 이렇게 이야기했을 것입니다. "Are you leaving?"(여기를 나가시나요?) 갑작스러운 남학생의 이 말을 잘 이해 못 하고 당황해하며 주차장의 세워진 차의 물결 속으로 향한 이 여학생을 이 미국 학생은 이 여학생이 빠져나가는 그 주차 자리를 잡기 위해 차로 졸졸 따라간 것이지요. 여기서 주의할 것은 leaving의 [iː] 발음이 장모음이라는 것입니다. 유사한 발음인 living은 [i]로서 단모음이지요.

　이 학생이 주차장을 그저 빙빙 돌다가 결국 건물 안으로 홱 들어와 버리는 바람에 주차하려고 졸졸 따라가던 그 미국인 남학생은 오잉?! 얼마나 황당했을까요?

Coming through

잠시 지나갈게요

제가 다니던 학교에서 나이아가라폭포 (Niagara Falls)까지 그리 멀지 않았습니다. 운전해서 가면 20-30분이면 도착할 수 있었습니다. 학교에서 가깝다 보니 유학 중에 나이아가라폭포에 간 횟수가 중간고사 끝나고 한번 가고, 기말고사 끝나고 한번 가고, 마음이 힘들면 한번 가고, 또 누군가 방학 중에 방문하면 그들에게 폭포 이모저모를 소개하느라 두세 번 가고, 이렇게 하여 총 40-50번 정도는 되는 것 같습니다.

나이아가라폭포는 5대호의 하나인 이리(Erie)호에서 또 다른 5대호인 온테리어(Ontario)호로 흐르는 나이아가라강에 위치해 있습니다. 주변에 산이 없는데도 갑자기 땅이 꺼져 큰 계곡을 이루면서 물이 떨어지는데 장관이 아닐 수 없습니다. 나이아가라강은 미국과 캐나다의 경계를 이루고 있는데, 나이아가라폭포도 미국 쪽의 폭포 (American Falls)가 있고 캐나다 쪽의 폭포(Horseshoe Falls)도 있어 서로 다른 풍광을 드러내고 있습니다.

어느 해 여름, 캐나다 쪽 폭포에서 구경할 때인데요, 관광객이 가득하여 발디딜 틈이 없었습니다. 맨 앞에 가 있어야 폭포 전체를 볼 수 있는 구조인데 저도 아직 사람들 뒤쪽에 위치한 상황이었습니다. 사람들이 서로 앞자리로 나가 구경하려고 하는 때, 내 뒤에서 어떤 청년이 'Coming through.' 하면서 앞으로 헤집고 나아오는 것이었습니다. 순서대로 보면 될텐데 바쁜 일이 있었는지 이 청년이 약간 무례하다 싶을 정도로 사람들을 헤집고 앞으로 나아갔습니다.

'Coming through.'는 인파가 많은 곳을 빠르게 뚫고 지나갈 때 하는 말입니다. Excuse me라고 해도 됩니다만 Coming through는 헤치고 나가는 그 모습이 그려집니다.

Zootopia(쥬토피아)라는 디즈니 만화영화에 보면 주인공인 토끼 '쥬디'가 발밑의 복잡한 발밑의 조그만 동물들을 제치며 앞으로 지나가는데 다음의 말이 나옵니다. Sorry, Coming through, Excuse me, Pardon... 이 표현 모두 쓸 수 있는 말입니다만 앞으로 뚫고 나오는 표현은 Coming through입니다. '나갑니다. 좀 비켜주세요,' 이런 의미가 있습니다.

식당에서 뜨거운 음식을 나르고 있는 웨이터가 이렇게도 이야기할 수 있습니다. Watch out! Coming through with a hot tray of food! (조심하세요! 뜨거운 음식이 지나갑니다.) 무거운 짐을 들고 사람들 속을 헤쳐가는 짐꾼이 다급하게 외칩니다. Coming through! Clear the way, please, I'm carrying a heavy box. (지나갑니다. 길 좀 비켜 주세요. 제가 무거운 상자를 들고 있어요.)

좀 더 공식적이거나 예의가 필요한 곳에서는 Excuse me, may I get through? 혹은 Excuse me, may I pass?, Could you please let me through? 이렇게 할 수 있겠습니다.

107 Obviously
분명히

초등학교 아이네 반의 Social Studies 과목에서 서부 개척사를 배우고 있었는데 현장학습을 Donner Lake로 가기로 했답니다. Donner Lake은 시에라 산맥의 산 중에 있으며 저희가 살던 California의 Davis에서 Donner Lake까지는 약 2시간 정도 동쪽으로 있습니다.

이 호수는 우리에겐 잘 알려지지 않지만 미국에선 서부개척시대에 이주했던 이주민들의 최대의 비극을 간직한 곳으로 잘 알려져 있습니다. 1846년 5월, 서부개척시대에 미주리를 떠나 캘리포니아로 이주하려던 한 그룹의 사람들이 시에라 산맥을 넘어 서쪽으로 가다가 목적지를 불과 160km 정도 남기고 눈에 갇혀 바로 그 호수 옆에서 혹독한 겨울을 나면서 87명 중 48명만 살아남았습니다. 먹을 것이 없어서 나중에는 굶어 죽은 동료의 시체 일부를 먹을 수밖에 없었다는 안타까운 이야기가 전해져 오기도 합니다. 저 위의 사진에 멀리 보이는 호수가 Donner Lake입니다.

미국에서 처음 가게 되는 현장학습이었기에 아이가 점심을 각자 준비해야 하는지를 몰라 친구 Jake에게 물어보았답니다. 'Do I need to take lunch with me?' 그러자 Jake가 'Obviously'라고 대답했다는군요. 그러면서 이것이 무슨 말인지 아이가 제게 물었습니다. Jake의 답을 대강 눈치로 이해만 하고, 정확히 이해하지 못한 채 집에 와서 내게 물어야 하는 아이가 얼마나 답답할까 생각도 했습니다.

obviously는 '분명히', '확실히' 등등의 부사입니다. Jake가 우리 아이에게 'Yes'라고 응답을 해도 되지만, 미국에 온 지 얼마 안 된 아직 익숙하지 않은 아이이니 혹시나 하는 마음으로 이렇게 의미를 강조한 것이지요. 이는 certainly, evidently, apparently 등을 사용해도 동일한 의미가 되겠습니다. '반드시'가 아닌 그저 가능성을 나타내는 표현으로는 maybe, possibly, perhaps 등이 있습니다.

한 가지 주의할 것은 obviously와 apparently가 모두 '동일하게' '분명히' '확실히'로 해석이 될 때가 많으나 뉘앙스가 조금 다릅니다. obviously는 '나도 알고 상대편도 아는 100% 분명한 확실히'라고 한다면 apparently는 '100%의 사실이 아니라, 보아하니, 들자 하니'로 의미 해석이 되어 분위기가 좀 다릅니다. 예를 들어,

They are obviously not coming. 그들은 분명히 오지 않는다.
This obviously depends on the weather in the coming months.
이는 분명히 다음 몇 달간의 날씨에 달렸다.

그에 반해,

She is apparently middle-aged. 그녀는 한 눈으로 딱 보아하니 분명히 중년이다.
The news apparently came to her as a complete surprise.
그 뉴스는 딱 보니 그녀에게 분명히 놀라움으로 다가왔다.

obviously의 형용사 꼴은 obvious입니다. '명확한' 혹은 '분명한' 이런 의미이지요. 그런데 이 뜻은 또 부정적인 뉘앙스를 가지고 '뻔한'의 의미로도 쓰이는데요. 예를 들어서

The ending of the movie was pretty obvious. 그 영화 결말은 너무나 뻔해요.
It may be stating the obvious, but the Pope is Catholic.
뻔한 말이지만, 교황은 천주교 신자입니다.

108 Catch up with~

~을 만나다

미국에서 서클이나 동호회 등의 격식이 없는 편안한 모임에 나가면 일단 삼삼오오 이야기하는 것으로 시작합니다. 간단한 스낵과 음료수를 들고 이리저리 왔다 갔다 하면서 안면이 있는 사람을 만나거나 혹은 없더라도 새로이 사람을 소개받고 만날 좋은 기회의 자리이지요.

하지만 이것이 한국인들에겐 매우 어색한 순간입니다. 한국인들은 어디 회식 자리에서처럼 테이블을 붙여 두고 죽 앉아 식사하거나 모임을 해야 제대로 된 모임 같은 느낌이 들곤 합니다. 일단 문화의 차이가 있고 또 언어의 차이가 있어 더욱 그런 것 같습니다. 크루즈 여행을 해본 한국인들이 크루즈 여행이 우리에겐 안 맞는다고 이야기하는 것도 비슷한 것 같습니다. 매일 선상 위에서 저녁에 있는 모르는 이들과의 파티, 댄스 등등에 우리는 너무 어색해서 금방 자리를 뜨고는 방에 들어가는 것이지요.

제가 카투사 신병 시절에 대대 본부에서 일과 후 파티가 있다며 근무 후에 어느 장소에 모이라고 했습니다. 파티라는 말에 저는 조금 당황하였지요. 당시만 해도 제가 생각하는 파티란 정장을 입고 여성은 하얀 드레스에 긴 흰 장갑을 끼고 가는 것이라고 막연히 생각하고 있었기 때문입니다. 고민하다가 가보니 모두 그저 평범한 캐주얼한 옷을 입고 모였네요. 신나는 음악이 나오고 큰 통에 캔 주스와 캔콜라, 캔맥주가 얼음과 함께 가득히 쟁여 있고 햄버거 패티와 소시지 바비큐가 구워지고 있었습니다. 그리고는 삼삼오오 모여 이야기하네요. 예하 부대 모두 모였기에 인원이 꽤 되는 모임이었고 모르는 이도 많았습니다. 가운데 무대에서는 몇몇 신이 나는 이들이 춤을 추네요. 그때 같은 사무실에서 근무하는 여군인 Amy로부터 저와 춤을 같이 추자는 요청을 받고 얼마나 아득하였던지요?

음악 소리가 작아지면서 대대장이 앞에 나와 인사말을 합니다. 전 부대원 간의 만남을 일 년에 한두 차례 갖는 의의를 설명하면서 이런 이야기를 하였습니다. "Meet someone new or catch up with someone you already know."

여기서 'catch up with'가 무슨 의미인가요? 통상 '따라잡다'의 의미가 있습니다. Hey, slow down so that I can catch up with you.(여보게, 내가 따라잡을 수 있도록 천천히 가게나.) '따라잡다'는 비유적으로도 다음 문장처럼 쓰이기도 합니다. The company will need more advanced technologies in order to catch up with its competitors.(회사는 경쟁사를 따라잡기 위해 선진기술을 필요로 할 겁니다.)

또, '발목을 잡다'의 의미가 있는데요, 예를 들어, Old age catches up with everyone in the end.(고령의 나이가 결국엔 우리 모두의 발목을 잡게 됩니다.) Some day, their past problems will catch up with them.(과거 그 문제들이 그들의 발목을 잡을 것입니다.)

마지막으로 '~와 만나다'가 있습니다. 예를 들어, I've got to go. I'll catch up with you later.(나는 지금 가야만 해. 나중에 만나.) She plans to return to Dublin to catch up with the relatives she has not seen since she married.(그녀는 결혼한 이후 보지 못했던 친척들을 만나기 위해 더블린에 돌아갈 예정이다.) 대대장이 바로 이런 의미로 사용한 것을 알 수 있습니다. 대대장의 인사말 내용은 '새로운 이를 만나고, 또 이미 알고 있는 이들과 오랜만에 만나서 못다 한 이야기도 하고 회포를 풀라'는 이야기이네요.

109 XYZ
남대문이 열렸어요

캘리포니아의 Davis에서 학교에 갈 때는 버스를 자주 이용하곤 했습니다. 그 도시는 조용한 대학도시였기에 학생들을 위한 버스 노선이 비교적 조밀하게 형성되어 있었고 많은 학생이 이용을 했지요. 버스 운전은 학부 학생이 아르바이트개념으로 하고 있었습니다. 그 커다란 버스를 청바지를 입은 가녀린 학부 여학생이 자신의 가방을 옆에 놓고 운전하는 것도 많이 보았는데요. 우리의 개념으로는 얼른 이해가 어렵습니다. 버스는 운전경력이 상당한 베테랑 남자가 해야 할 것만 같은 편견이 우리에게 종종 있기 때문이지요.

어느 날 아침, 버스를 타니 많은 이들이 서서 가고 있었습니다. 교수님인지 어느 앉아가는 중년의 남자분 앞에 제가 서 있었는데요. 그분이 운동화 신은 제 발을 아무도 모르게 꾹 밟는 겁니다. 이게 뭔가 싶어 아래를 보니 그분의 발이었고요. 그분 얼굴로 시선을 주니 그분이 눈짓으로 가리킵니다. 그리고는 속삭입니다. 'XYZ.' 갑작스러운 이 말이 무슨 말인가 하여 당시에 저는 당황했습니다.

'XYZ'. 이는 'Examine Your Zipper'의 준말입니다. 즉, '당신의 앞 지퍼를 점검하세요'의 의미입니다. 우리는 통상 '남대문이 열렸다'라고 이야기하지요. 대학 시절에 아침에 학교에 가는데 어떤 지나가던 남학생이 저를 지나치다가 황급히 뒤로 돌아 제게 달려와 속삭여주었던 것을 기억합니다. '남대문이 열렸어요.' 그때 다소 타이트한 바지에 양쪽 주머니에 손을 넣고 갔기에 앞이 확 벌려졌으리라 생각하니 제가 얼마나 당황스러웠던지요.

'XYZ'는 직접 거론함이 아닌 간접적인 표현으로서 보다 더 공손한 말이고 당사자를 덜 당황하게 하는 말이지요. 조금 직접적인 표현으로는 'Your fly is open.'(앞이 열렸습니다.) 'Please pull your zipper up.'(지퍼를 올리세요.) 등이 있습니다. fly는 '(바지 앞의)지퍼 혹은 단추로 잠그는 부분'을 의미합니다. 혹은 'Your fly is undone.'(당신의 지퍼 부분이 마무리가 안 되었네요.) 이렇게 표현할 때도 있습니다. 또 슬랭 형식으로 이렇게 표현할 때도 있네요. XYZ PDQ. 이것의 의미는 'Examine your zipper pretty darn quick.'(남대문이 열렸으니 앞 지퍼를 속히 점검하세요.)

'Examine your zipper'에서 왜 examine일까 생각해보신 적이 있으신가요? 사실 지퍼를 '조사하라'는 examine의 단어가 여기에 좀 안 어울리는 느낌이 있습니다. check를 쓰면 뜻이 쉽고 분명한데 말이지요. 그런데 Check Your Zipper를 쓰면 CYZ가 되어서 acronym(두 문자어)이 별로 흥미롭지 못한 데 반해 examine을 쓰면 XYZ가 가능하니 examine을 쓰는 것으로 보입니다. 아래 대화 예문입니다.

Ⓐ Hey! XYZ! It's your second time today. Be careful!
남대문이 열렸네요. 벌써 오늘 두 번째네요. 주의해요!

Ⓑ Oh, thank you.
오, 감사해요.

Ⓐ Make sure you XYZ before you leave the restroom.
화장실에서 나올 때 지퍼를 점검 확실히 하세요.

Ⓑ I will.
그렇게 하지요.

Who do you wanna talk to?
누구와 통화하기 원하나요?

　　언어의 습득에 대한 오해 가운데 하나는 '언어를 조각조각으로 배워 하나하나 조립해 가는 것'이라는 것입니다. 즉, '단어'를 배우고 단어들이 모여 '구'를 이루고 구가 모여 '문장'이 만들어지는 그 과정대로만 언어가 습득된다고 이야기합니다.

　　그러나 이것은 오해입니다. 언어는 종종 chunk, 즉 덩어리로 습득이 이루어집니다.

　　지금과 달리 초등학교 시절에 영어를 전혀 접해 보지 못했던 중1 시절에 있었던 일입니다. 영어 수업 시간에 선생님이 저 뒤에 앉은 어느 친구에게 영어로 질문을 했습니다. 그런데 그 친구가 'I don't know' 하는 대답을 했습니다. 저는 속으로 '와…' 했습니다.

　　A, B, C 알파벳 쓰기를 중1에 처음 쓰기 시작하여 이제 기초단어를 막 공부하기 시작한 우리에게 당시에는 그것이 매우 긴 문장이라고 생각했고 어떻게 저 친구는 저렇게 긴말을 할 수 있을까 존경스러웠습니다. 저는 이 문장을 꿀꺽 삼켰습니다. 당시 중1 실력으로서는 제대로 이해도 분석도 되지 않았지만, 이 문장은 제 뇌리에 박혔습니다. 덩어리로 배운 것입니다. 'do'의 용법도 제대로 몰랐던 때이니까요.

　　제가 8군에서 카투사로 근무할 때였습니다. 밤늦은 시각, 화장실에 가려고 막사 복도의 당직 데스크 옆을 지나는데 그날의 C.Q(Charge of Quarters : 당직병)인 어느 미군이 전화 수화기를 들고 씨름을 하다가 약간 짜증 석인 목소리로 한 말… 'So, who do you wanna talk to?'(그래서, 누구와 통화하기 원하는 겁니까?) 이 말이 제 뇌리에 팍 박혔습니다.

　　나중에 제가 분석을 가만히 해보니, '의문사＋조동사＋주어＋본동사'의 어순으로 제대로 문법적으로 맞는 문장임을 알게 되었습니다. 들린 순간 금방 분석은 안 되었지만, 이 문장도 제게 꿀꺽 삼켜졌습니다. 덩어리로 이 문장이 먼저 습득됐고 나중에 분석하여 확인해보았습니다.

후에 이런 일이 또 있었습니다. 미국에 있을 때인데요, 어떤 초등학교 아이가 자기 친구들끼리 대화하다가 이런 이야기를 하는 겁니다.

I would not hit anyone unless I don't mean to.

지나가면서 언뜻 들리는데요, 초등 어린아이치고는 고급 문장을 쓴다는 생각과 함께 저도 나중에 이 구문을 한번 써먹어야 하겠다 싶어 꿀꺽 삼켰습니다. '나는 내가 의도하지 않는 경우를 제외하고는 다른 이를 때리지 않아.' 이런 뜻인데요. 나중에 의미분석을 찬찬히 해보니 unless도 그렇고 would를 쓴 것도 그렇고 문법적으로도 흠잡을 데가 없고 의미적으로도 참으로 쓰임새가 많은 문장이더군요.

여러분, 어디서 들리는 영어문장이 있습니까? 어떤 특정 상황에서 들리는 그것을 꿀꺽 삼키십시오. 외국어 습득은 종종 chunk(덩어리)로 이루어져 갑니다. 이해가 좀 안 되어도 괜찮습니다. 분석은 후에 자연스레 이루어질 때가 있을 것입니다.

⟨111⟩ ófficer / officér
장교 / 장교

　　카투사 병장 시절, 부대에서 작전을
나가는데 대대장 통역을 맡게 되었
습니다. 용산에서 출발한 이삼
십여 대의 지프와 트럭의 부대
차량이 열을 지어 서울을 빠져
나가는데 구리 인근인 교문사거리
에서 검문을 받게 되었습니다. 헌병이 오더니 질문을 합니다. 어디
로 가는가? 차량이 몇 대인가? 또 장교가 몇 명이냐고 묻습니다. 대
대장이 탄 험비차량에 동승한 제가 그 질문을 영어로 부관에게 혹은
대대장에게 질문하여 답을 얻어서 헌병에게 한국어로 답을 해야 했
습니다. 그 헌병의 마지막 질문, '장교는 몇 명인가?'에서 제가 대대
장에게 "How many officers do we have?" 이렇게 통역을 했는데요.
그런데 대대장이 못 알아들었습니다.

　　그래서 제가 How many officers do we have?하면서 다시 또렷하
게 천천히 발음하였습니다. 그때 officer를 말하면서 강세를 어디에
두어야 하지 순간 고민하다가 두 번째 음절인 /i/에 넣었습니다. 이
유는 고등학교 때 이 단어를 배울 때 강세위치가 좀 특이하다고 생
각했던 기억이 있어서였는데요, 그 짧은 시간에 잠깐 생각해본 결과
두 번째 음절인 /i/에 강세가 있음이 특이하다고 느껴졌기에 그리 발
음한 것입니다.

　　그랬더니 대대장이 여전히 못 알아듣고 "How many what?"하며
얼굴을 찡그렸습니다. 그래서 제가 안 되겠다 싶어서 o.f.f.i.c.e.r 철
자를 또박또박 이야기하니 "Ah...officer" 하면서 빙그레 웃고는 바

로 강세를 첫음절인 /o/에 넣어 발음합니다. 순간 제가 알았습니다. 강세를 엉뚱한 곳에 넣었구나 하고 말이지요. 그리고 새삼 깨달았습니다. 영어는 한국어와 달리 강세의 위치에 따라서 의미의 차이를 가져오기에 강세를 엉뚱한 곳에 넣으면 전혀 의미를 알아듣지 못하는 상황이 발생한다는 것을 실감하였습니다.

예를 들어, 같은 철자이지만 강세의 위치에 따라 명사가 되기도 하고 동사가 되기는 하는 것은 매우 흔한 경우이지요. 의미는 비슷하더라도 품사가 다르니 문장 안에서 쓰임새가 달라지는 것입니다. record, increase, contest, import, permit 등등입니다. 통상 강세가 첫음절에 오면 명사, 두 번째 음절에 오면 동사가 됩니다.

또 강세를 어디에 넣는가에 따라 의미가 완전히 달라지는 것들도 많습니다. 예를 들면 present는 강세 위치에 따라 의미가 완전히 달라집니다. 첫음절인 /e/에 강세가 있을 때는 '선물' 혹은 '현재' 등등의 의미이지만, 둘째 음절 /e/에 강세를 넣으면 '제출하다'의 의미가 되는 것이지요. 이런 단어들이 꽤 많습니다.

invalid의 경우 첫음절에 강세가 있어 명사가 되면 '병약한 사람'의 의미이나 강세가 둘째 음절에 있으면 '쓸모없는'의 의미이지요. content는 첫음절에 강세를 두면 명사로 '내용물'의 의미가 되지만 둘째 음절에 강세를 두면 '만족하고 있는'의 의미가 됩니다. object, desert 모두 마찬가지입니다. object는 앞에 강세 오면 명사로 '물건'이 되고 뒤에 둘째 음절에 오면 '반대하다'의 의미가 됩니다. desert는 강세가 첫음절에 올 때는 '사막' 그리고 둘째 음절에 오면 '버리다'가 됩니다. 이런 것들은 의미가 완전히 달라지는 것들이니 강세의 위치를 주의해야 합니다.

강세는 그때그때 단어를 외울 때 함께 외워야 효과적으로 배워나갈 수 있습니다. 단어 의미와 강세를 따로따로 외우면 혼동하기 쉽습니다.

112 I couldn't not go

가지 않을 수 없었다

영어에서 이중부정은 두 개의 부정적 단어가 동일 문장에서 사용된 형태입니다. 한 문장에서 두 부정어를 동시에 사용함으로써 의미를 긍정으로 바꿔놓게 되지요. 중학교 때 '부정+부정=긍정'이라고 배운 바가 있음을 기억합니다. 예를 들면 'She never goes with nobody.'(그녀는 아무도 동반하지 않고서는 절대 가지 않습니다. 즉, 꼭 누구와 동반하여 갑니다.) 또 'The pilot can't find no place to land.'(비행사는 착륙할 공간을 찾지 못할 수는 없습니다, 즉, 비행사는 반드시 착륙할 공간을 찾습니다.)

얼마 전, 알고 지내는 미국의 한 대학생으로부터 이메일 편지를 하나 받았습니다. 한 주 간의 가을 방학을 맞이하여 콜로라도에 있는 주의원 선거에 선거운동원으로 참여했다고 하면서 소식을 보내왔습니다. 가을 방학 직후에 마감일인 에세이 과제가 두 개나 되기에 갈까 말까 망설여졌지만, 학교에서 학생 정치참여기금으로 비행기 왕복과 식비를 포함한 기타 비용을 제공해준다고 하기에 다녀올 결심을 했다고 합니다. 학생들의 현실 참여와 경험에 대하여 미국 대학이 재정 보조를 하는 그런 프로그램이 참 부럽게 느껴졌습니다. 그러면서 그는 학교 매거진에 다녀온 후기를 적어 놓은 것을 내게 링크해 보내주었습니다. 읽어보니 다음과 같은 문장이 나옵니다.

I couldn't not go because the money issue was solved.

읽다가 좀 이상해서 자세히 보았습니다. couldn't not go가 좀 이상하게 보이더군요. 풀어보면 could not not go인데요. 저희가 통상 아는 이중부정 형태와는 다른 것 같았습니다. 복수의 원어민 교수님들께 문의해 보니 통상 친근한 사이에 자주 쓰이는 형태이며 문제없다는 답을 받았습니다.

한 가지 특이한 것은 이런 형태의 이중부정은 단지 '부정+부정=긍정'이라고 단순함에서 그치는 것이 아니라 정도에 있어 강함을 드러내고 있습니다. 즉, 'I couldn't not look'은 단지 'I could look'을 의미하는 것이 아니라 'I had to look'을 의미하고 있습니다.

위 문장 'I couldn't not go because the money issue was solved'에서 단순히 '갈 수 있다'는 정도가 아니라 나름대로 큰 문제라고 여겼던 돈 문제가 해결되었기에 '안 갈 수 없었다' 즉 '가야만 했다'라는 강조의 의미가 됩니다. 다시 말해, 'I couldn't refuse to go.'(가는 것을 거절할 수 없었다.) 혹은 'I did not have the option of not going.'(가지 않는 옵션이 없었다.)'의 의미가 되는 것이지요.

또 다른 예로, 'I couldn't not help him'의 문장 의미는 'I could not but help him'으로써 '그를 돕지 않을 수 없었다'가 됩니다. 다시 말해 'I couldn't just stand there.'(단지 서 있을 수는 없었다.)로 'I had to help him.'(그를 도와야만 했다.)이 됩니다.

한 가지 주의할 것은, 이런 형식의 문장에서는 발음할 때 특별히 두 번째 not을 조금 명확히 그리고 천천히 해주어야 이중부정이 긍정으로 되는 것에 대해 혼동하지 않습니다. 즉 'I could't NOT go!', go 앞의 NOT이 강조되게 발음해주어야 합니다.

113 Put together
조립하다

미국에 체류 중일 때, 둘째 아이가 미국에서 야구를 하게 되었습니다. 미국엔 마을마다 아이들을 연령별로 나누어 스포츠 리그를 운영하고 있습니다. 한국에서 야구를 보기만 하던 아이가 유니폼을 입고 잔디가 깔린 정식 야구장에서 하니 참 신났습니다. 제가 어릴 때인 70년대 초반, 서울 변두리 동네 조그만 공터에서 동네 아이들이 모여 글로브 몇 개와 야구방망이 한 개로 맨땅에서 경기를 하던 생각이 났기에 아이가 유니폼을 입고 푸른 잔디의 멋진 리틀야구장에 서 있는 모습을 볼 때마다 저 또한 흥분을 감추지 못했습니다.

모든 팀이 메이저리그 팀 이름을 따서 팀 이름을 만듭니다. 저희 아이가 속해진 팀은 Braves였습니다. 봉중근 선수가 있었던 Atlanta Braves 바로 그 팀입니다. 한 가지 인상적인 것은 리그 야구 경기가 운영이 될 수 있도록 하는 것은 아버지들의 자원봉사였습니다. 아버지들 가운데 두세 명이 감독과 코치를 맡아 주중에 팀 연습을 시키고 주말에는 경기를 갖습니다. 어머니들도 자기 아이가 경기가 있는 주말에는 서로 순번을 짜서 팀원들을 위해 스낵이나 과일 종류를 준비하여 옵니다.

시즌 초, 팀을 구성하고 감독으로부터 간단한 공지사항 및 구성된 팀 선수명단이 부모들에게 이메일로 날라 왔습니다. 그러면서 다음의 내용이 포함되었습니다.

I am looking for someone who would be willing to put pictures together in a slide show to music.

사진을 모아 음악에 맞추어 슬라이드 쇼로 만들어주실 분을 구합니다.

'put together'는 '(조각 등을)합쳐서 만들다'의 의미입니다. 혹은 부품 등을 조립한다는 의미로서 아주 잘 쓰이는 표현이지요. 위 표현에서 put pictures together했으니 '사진을 모아 만들다.'의 의미입니다. 예를 들어 put together a machine(기계를 조립하다.), put together a committee(위원회를 구성하다.) 등등으로 쓰입니다. 시즌이 끝나고 난 다음에 통상 team party를 하게 되는데 그때 이 슬라이드 쇼를 함께 보면 좋겠다는 코치의 이야기와 함께 이것을 해줄 부모 자원자를 찾고 있는 것이지요.

코치의 그 제안에 저는 슬라이드 쇼 만드는 것에 자원하였습니다. 시즌 직후 team party에 학부모들과 아이들이 모여 제가 만든 것을 함께 보았답니다. 감독 부인이 제가 만든 것을 보고 울컥했다고 하네요. 부모 마음은 비슷한 거 같습니다.

제가 카투사 시절, M16 총을 분해하고 조립하는 시간에 미군들이 사용하던 구문도 바로 이것이었네요. 분해된 총을 다시 조립하는 것이 'put together M16 rifle', 또 분해하는 것이 'take apart M16 rifle'입니다. 'put together'와 'take apart'를 한꺼번에 암기하시면 좋겠습니다.

다음 예를 보겠습니다. 식당이나 카페에서 테이블을 붙여 앉을 때가 있지요.

Ⓐ Wait minute. We can't sit together in this cafe.

기다리세요. 이 카페에 함께 앉지는 못하겠네요.

Ⓑ Please don't worry. I will put the tables together so that everyone could sit together.

걱정하지 마세요. 모두 앉으실 수 있도록 테이블을 붙여드릴게요.

Ⓐ Oh, thank you.

오, 감사합니다.

The snow should taper off towards evening

눈은 저녁에 들면서 줄어들 것입니다

언어학습은 당연히 cognitive process(인지 과정)이지만 그에 못지않게 affective process(정의적 과정), 즉 감정적 요소가 매우 중요하다고 볼 수 있습니다. 누구와 이야기하는가, 어떤 심리상태에서 말하는가 하는 것들은 언어를 구사하는 데 영향을 끼치는 중요한 요소 중 하나입니다.

유학 중에 일본 학생들을 만날 기회가 많이 있었는데 맨 처음 만났을 때는 사실 역사적 앙금으로 인해 서로 조금은 어색하지 않을까 생각한 적이 있습니다. 그러나 만나 보니 우리와 정서적으로 많이 통하는 데다가 예의가 바르고 생각하는 바가 비슷하였기에 대화할 때 편안했습니다. 또 영어 하는 정도가 우리 한국인과 아니 우리보다 더 부족한 실력이 대부분이어서(특별히 발음에 있어서는) 저는 일본 학생들과 이야기할 때 심정적으로 위축되지 아니하고 대화할 수 있었습니다.

저와 같이 유학을 같은 학기에 시작한 Akiko가 있었습니다. 이 학생과는 서로 비슷한 배경이었기에 힘든 초기의 유학 생활을 함께 견디며 위로하고 격려하곤 했었습니다. 제가 4년여의 고교 영어 교사생활을 하고 유학을 하러 간 것처럼 Akiko는 오사카고등학교에서 5년간 영어 교사로 있다가 유학을 시작하였습니다. 저도 당시 32살로 싱글 유학생치곤 나이 많은 노총각이었는데 Akiko는 저보다 4살 더 많은 나이의 노처녀였습니다.

Akiko와 저는 같은 학과에서 같이 시작하였기에 듣는 과목도 늘 비슷하였고 또 비원어민으로서 갖는 각종 어려움을 그대로 함께 경험하면서 서로 위로하는 동지가 되었습니다. 영어 의사소통도 비교적 서로 잘 되었고 소위 말하는 Affective barrier(정의적 장애)가 없이 편했습니다.

어느 겨울, Lake-effect snow(미 동부 5대호 연안에 호수의 영향으로 오는 눈)로 눈이 2~3일 연속으로 오는 날이었는데요. 수업 중 쉬는 시간에 커피를 들고 함께 이야기하다가 수업 후 저녁에 눈길 운전 걱정을 하고 있는데 Akiko가 'The snow should taper off towards evening.' 이렇게 이야기하는 겁니다. 저는 들으면서 깜짝 놀랐습니다. 'taper off'라는 숙어는 '점점 줄어들다'의 의미로 이미 알고 있었던 것이긴 하나, 실제 한 번도 제가 사용해 본 적이 없는 표현이었습니다. 그런데 Akiko가 이 표현을 편하게 사용하고 있음을 듣고서 제 머리에 꼭 박혔습니다. internalization(내재화)이 된 것이지요. Akiko가 저와 비슷한 아니 조금 못한 구사력을 가지고 있다고 생각했는데 이런 세련된 표현을 쓰다니 하는 놀람과 경외심이 한꺼번에 작동된 것 같습니다.

그 후 이 표현을 제가 사용하게 되었습니다. taper off는 '수/양/정도가 점점 줄어들다'이기에 Akiko가 이야기한 문장의 뜻은 '눈이 오늘 저녁 점점 수그러질 겁니다.'가 됩니다. 다른 예로, 'Her voice tapered off as she realized everyone was listening.'(그녀가 모든 이들이 듣는다는 것을 인식하고 그녀의 목소리는 점점 작아들었다.)

언어학습은 단지 아는 것에서 그치지 않고 발화하는 것에 이르기까지 진행되어야 합니다. 즉, input(언어적 지식)이 intake(흡수)되어 internalization(내재화)되어야 output(발화)이 가능하게 되는 것이지요. 어떤 단어를 배우고 난 다음엔 흡수될 수 있도록 다양한 방법으로 꾸준히 연습하여 내재화시켜야 합니다. 그래야 자유롭게 발화 가능하게 됩니다. 저는 Akiko 친구를 통해 심리적 도전을 받아 taper off가 내재화된 것이네요.

일 년간 미국에 있을 때, 초등학교 4학년인 아이가 친구를 사귀기까지는 어떤 계기가 필요했습니다. 동양에서 온 이 남자아이가 영어에 능숙한 것도 아니고 특별히 사근사근한 것도 아니었기에, 그 반 아이들 속으로 쑤욱 들어가는 것이 그리 쉽지는 않았습니다. 그러다가 두 번의 계기가 있었습니다.

첫 번째는 미국의 50개 주도(State Capital)를 공부할 때 이것을 모두 외우는 숙제가 있었는데, 아이가 전날 밤 끙끙대더니 그것을 다 외우고 간 적이 있었습니다. 50개 주도를 쓰는 퀴즈에서 만점을 받은 아이를 보고 담임선생님인 Ms. Blitz가 'Wow'했다는군요. 미국 아이들도 다 알지 못하는 그 것을 미국 온 지 한 달도 안된 아이가 모두 외운 것에 선생님이나 아이들이 놀랐습니다. 그다음엔 학교 옆의 큰 공원이 있었는데 환경보호를 주창하며 학부모와 아이들 모두 참여하여 모금행사를 하는 Walkathon 행사가 있었습니다. Walkathon은 'Walking + Marathon'의 합성어입니다. 즉 걷기 마라톤입니다. 공원 주변의 산책길을 크게 한 바퀴 돌면 바퀴 수에 따라 모금이 되는 행사였습니다. 이때 뜀박질을 좋아했던 아이가, 다른 애들은 10번 정도 돌고 지쳐 포기할 때, 무려 56번을 돌아 1등을 한 적이 있었습니다. 매년 그 행사를 열고 있는 그 학교 역사상 전무후무한 기록이었다고 선생님들이 놀라 하셨습니다.

한국에서 온 지 얼마 안 된 아이의 이런 활동이 주변 친구들 눈에 띄었고 또 엄마들 눈에 들어온 것 같습니다. 그 때부터 아이들 생일파티에 초대를 받을 수 있었고, 또 집에도 초대해 주었습니다. 또 우리도 살고 있는 아파트 단지 내 수영장에 여러 명을 초대도 하였습니다. 캘리포니아엔 거의 대부분의 아파트와 가정집 뒷마당에 수영장이 있는데, 부모들과 아이들이 집 뒷 마당 수영장에서 모여 먹으면서 물놀이하는 하는 파티를 Pool Party라 부르더군요.

우리 아파트 단지 내 Pool party를 열 때면 아내가 한국식 떡볶기 간식을 해 주었는데 아이들이 참 좋아하였습니다. 어느 날 아이들이 수영하다가 Pool옆의 피크닉 테이블에 올려진 떡볶기 접시를 보고는 몰려든 적이 있었습니다. 그때 피크닉 테이블 의자에 쪼르르 앉았으나 자리가 모자랐는데요, 한 아이가 이렇게 이야기 하더라고요.. Can you scoot over a little? There is no space to sit. '옆으로 조금만 움직일래? 앉을 공간이 모자르니 말이야'.

scoot over 하면 '옆으로 조금만 움직여'라는 의미입니다. 앉아있는 상황에서 엉덩이를 조금씩 움직여 공간을 만들 때 쓸 수 있는 표현입니다. 예를 들어, 야외에서 동그랗게 원을 그리고 김밥을 먹고 있을 때 늦게 온 사람을 위해 '조금씩 움직여 공간을 확보하라'고 할 때 사용할 수 있습니다. 의미 자체가 어렵지 않은 표현입니다만 막상 영어로 사용하려면 쉽지 않습니다. 물론 Move to the side! 해도 되지만 scoot over의 뉘앙스를 따라가기는 어렵습니다.

scoot back 하면 '뒤로 움직여'의 의미입니다. back up과도 의미가 같습니다.

Scoot over so that more of you can get into the car.
더 많은 사람이 차에 탈 수 있도록 자리를 좁혀 앉아요.

116 Unless I don't mean to

의도치 않은 것이 아니라면

미국 연구년 중에 아이를 따라 방과 후 스포츠 활동 현장에 갔을 때, 같은 동네 아이들이 운동하는 것뿐만 아니라 서로 웃고 떠드는 모습을 자주 목격하면서 보기가 참 좋았습니다. 같은 학교에 다니는 것도 아니지만 스포츠 활동을 하면서 함께 땀을 흘리니 금방 서로 친해지는 것 같습니다. 특히 팀 스포츠인 야구는 각자 자신의 역할을 하면서 협동함으로 함께 이루는 스포츠이며, 그로 인하여 승부가 갈리니 감정의 공유도 있게 되어 같은 학급의 친구보다 더 친할 수 있을 것 같습니다.

그들이 서로 웃으며 이야기하는 옆을 지나가다가 몇 마디를 들었는데요.. 보니 학교 폭력에 대하여 이야기하고 있었는데, 한 아이가 이야기합니다.

I never hit anyone unless I don't mean to. (나는 의도치 않은 것이 아니라면 결코 어떤 이도 때리지 않는다)

통상 I never hit anyone. 이라고 해도 될 텐데 논리적이고 사려 깊은 그 아이는 unless로 시작되는 조건절을 덧붙였습니다. 초등학생이 하는 이야기로서는 다소 수준 높은 표현이라 생각합니다. unless 는 '만약 ~하지 않는다면'의 의미이기에 위 문장에서 unless I don't mean to는 '(사람을) 의도치 않게 때린 것이 아니라면~'의 의미가 됩니다. 여기서 unless I don't mean to 다음에 생략이 된 것이 있는데 앞에 나왔던 hit입니다. 반복되는 말이기에 생략이 되었습니다. mean to~ 는 '~을 할 의도이다'의 의미입니다.

unless는 우리 말의 쓰임과 좀 달라서, 한국인은 잘 안 쓰는 것 같습니다. 그러나 unless 가 'if ~ not'의 의미로 '만약 ~을 하지 않는다면'의 뜻이 분명히 이해된다면 좀 더 자연스 럽게 나오도록 숙달할 필요가 있습니다. 다소 민감하고 세밀한 감정의 요소가 그 안에 있 음이 느껴지고 있으니 말이지요.

예를 들어 처음 데이트 신청하는 어느 남성의 이런 질문을 통해 그 미묘한 분위기가 느 껴지나요? We'll go out to dinner tonight, unless you don't want to. (우리 오늘 밤 저녁 먹 으러 나갈겁니다, 당신이 싫어하지 않는다면요). '당신이 원한다면' 보다 '당신이 원하지 않는 것이 아니라면... (즉, 싫어하지 않는다면)' 이 표현이, 결국 같은 뜻이긴 해도, 조금 더 미묘 한 감정의 복선이 느껴지지 않는가요?

unless 관련하여 관용적으로 잘 쓰이는 다음의 표현들이 있습니다. 계약서 같은 것에서 잘 나오는 표현입니다.

unless otherwise stated 별도로 명시되어 있지 않다면
unless otherwise noted 달리 언급이 없으면
unless otherwise agreed 별도 합의된 사항이 없으면

All students must turn in their assignments by the end of the week, unless otherwise noted by the professor. (교수님으로부터 달리 언급이 없다면, 숙제를 이번 주말까지 제출해야 합니다.)

117 Walk your bike
자전거 끌고 가세요

지난 해 미국 캘리포니아에 갔을 때 공원입구에 Walk your bike라고 쓰여진 입간판을 보았습니다. walk은 통상 자동사인데 이렇게 타동사가 되어 뒤에 목적어가 온 것이 좀 생소하게 느껴지는 표현입니다.

여기서 walk은 걸리다, 즉 걷게 하다로 타동사 의미로 쓰이는데요, 영어적인 재미있는 표현입니다. 그리하여 Walk your bike는 자전거를 걸리세요, 즉 '타지 말고 끌고 가세요'라는 의미가 됩니다.

비슷한 의미로 walk은 타동사로 강아지 산책시키는 것이나 혹은 어떤 사람과 함께 걷는 것도 포함됩니다.

I need to walk my dog this evening.
오늘 저녁에 강아지 산책을 시켜야 해요.

Would you walk Jane to the bus stop please?
Jane을 버스정류장까지 데려다줄래요?

PLEASE WALK YOUR BIKE

야구에서 투수가 타자를 포볼로 1루로 보내는 것도 walk을 써서 나타냅니다. The pitcher walked five players in yesterday's game. 그 투수는 어제 시합에서 다섯 명의 선수를 걷게 했습니다. 즉 그들에게 포볼을 허용했다는 의미가 됩니다.

이렇게 walk을 타동사로 쓰는 것같이 이런 표현도 함께 알아두시면 좋겠습니다. fly. drive 뒤에 사람 목적어가 오는 표현입니다.

I will fly my son to New York.
아들을 비행기에 태워 뉴욕으로 보낼 예정입니다.

I will drive my son to New York.
운전해서 아들을 뉴욕에 데려다 줄 예정입니다.

어떤 곳엔 Walk your bike와 동일한 의미로 Dismount bikes 로 표시해 놓기도 하는데요. mount가 자전거나 말에 올라타다의 의미인데 앞에 dis가 붙었으니 반대말이 되어 '내려오다'가 되겠습니다. 즉, '자전거에서 내려와 (끌고 가세요)'라는 의미입니다.

The test results were equivocal
검사결과가 불확실하게 나왔네요

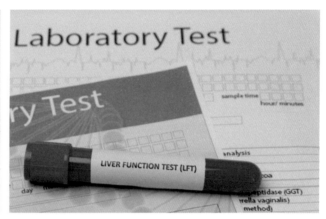

　예전에 함께 근무하던 외국인 교수님과 오랜만에 커피를 나누며 이런저런 이야기를 하는데, 개인적인 건강에 관한 이야기를 먼저 하는 겁니다. 최근에 유난히 피곤하여 피검사를 하게 되었다는데요... 그래서 제가 걱정스런 마음에 결과가 어떠냐고 물었습니다. 검사결과가 C형간염(Hepatitis C)일지도 모른다는 것으로 나와 매우 당황했었노라고 합니다. 그 교수님이 '일지도 모른다...'고 하기에 그럼 확실하지 않은거냐고 재차 물으니 그 교수님이 이야기합니다.

"Well, the test results were equivocal. So the doctor wanted to do the test again."
저... 검사결과가 이도 저도 아닌 불확실한 결과입니다. 그래서 의사선생님이 검사를 다시 해보자고 하셨어요.

　equivocal의 뜻은 '확실치 않은, 모호한'입니다. 그 외국인교수님의 검사결과가 equivocal 하다면 그것은 positive인지 negative인지 모호한 경계선 상에 있다는 이야기입니다. 코로나 기간동안에 저도 집에서 자가 검사하다가 이런 경우가 있었던 것을 경험한 적이 있습니다. 음성이면 한 줄, 양성이라면 두 줄이 확실하게 보여야 하는데 이도 저도 판단하기가 애매한 그런 상황이지요... 비슷한 의미의 단어로 ambiguous가 있습니다.

 C형 간염은 통상 의료진이 간염환자를 치료하다가 주사바늘에 실수로 찔리거나 혹은 저개발국가에서 주사기 재사용이나 비위생적인 환경에서 문신이나 피어싱 등을 할 때 걸린다고 알려져 있습니다. 그런데 그런 환경에 노출된 적이 없는 이 교수님에 대해 의사선생님이나 또 이 교수님 스스로도 의아해 할 수 밖에 없었기에 다시 피검사를 몇 일 후에 했다고 합니다. 궁금한 제 얼굴을 읽고는 약간의 미소를 지으며 이야기를 이어갑니다.

'The test results were unequivocal, next time, indicating that there were no signs of infection and everything was OK.'
그 다음엔 검사결과가 확실했어요.. 감염되었다거나 하지 않고요. 모든 것이 좋습니다.

unequivocal은 equivocal의 반대어로서 '확실한', '경계가 분명한' 의 뜻입니다.

equivocal 은 말이나 태도가 모호하거나 애매할 때에도 쓰입니다.
She gave an equivocal response.
그녀의 응답은 모호해요.
His words to the press were deliberately equivocal.
기자들에게 그는 의도적으로 모호하게 이야기했습니다.

반대말인 unequivocal은 명백한', '분명한'의 의미입니다.
Her answer was an unequivocal yes.
그의 응답은 명백한 동의였습니다.
Koreans prefer to hear a direct, unequivocal message.
한국인들은 직접적이고 분명한 메시지를 듣고 싶어합니다.

119 At the top of the hour / At the bottom of the hour

정시에/ 반에, 30분에

Colorado의 Denver로 학회 갔을 때였습니다. 학회 측에서 추천하는 호텔들은 하룻밤에 당시 200불 이상씩 하는 곳이어서 몹시 부담되었습니다. 사실 좀 더 저렴한 호텔이 있기 때문입니다. 그리하여 따로 호텔을 인터넷으로 물색하여 찾아낸 곳이 Ramada Inn이었습니다. 무엇보다 비용이 합당한 수준이었고, 학회장소로부터 그리 많이 떨어지지 아니한 곳이었습니다. Google Earth로도 보니 대로변에 있어 주변이 그리 위험하게 보이지도 않았습니다.

그 호텔에 도착하여 프런트에서 check-in 하려는데, 보니 카운터에 다음과 같은 안내가 보였습니다.

Shuttle bus to convention center leaves at the top of the hour.
학회장으로 가는 셔틀버스는 정시에 출발합니다.

Shuttle bus to airport leaves at the bottom of the hour.
공항에 가는 셔틀버스는 매 30분에 출발합니다.

학회(convention 혹은 conference) 및 공항으로 가는 셔틀버스 이야기입니다. 통상 convention center 주변의 호텔들이 학회 장소에까지 셔틀버스로 운행을 정기적으로 해주는 경우가 많습니다. 이 호텔은 한 시간 간격으로 해주고 있군요.

at the top of the hour라고 하면 7시, 8시, 9시 등 정시를 가리킵니다. at the bottom of the hour하면 매 30분을 가리킵니다. 즉 7시 반, 8시 반, 9시 반이지요. 시계의 바늘이 위를 가리킬 때 정시이고 바닥을 가리킬 때 30분이기 때문에 그러한 것 같습니다. 재미있는 표현입니다. 주로 뉴스를 진행하는 앵커들이 많이 쓰는 것을 들으실 수 있습니다.

I'll be back with more headlines at the bottom of the hour.
30분에 더 많은 뉴스로 다시 찾아오겠습니다.

The show begins at the bottom of the hour so stay tuned.
이 프로그램은 30분에 시작합니다. 그러니 계속 채널 고정해주세요.

Hum… it's likely to rain. Let's check the weather forecast update at the top of the hour.
비가 올 것 같네요. 정시에 있는 일기예보 최신 정보를 확인해 봅시다.

at the top of the hour와 동일한 의미로 on the hour가 가능합니다. '정시에'라는 의미입니다. 예를 들어,

The shuttle to New York departs on the hour.
뉴욕으로 가는 이 셔틀은 정시에 출발합니다.

 Pull off
(힘든 것을) 해내다(성사시키다)

미국에 있을 때 다니던 교회에서 어머니날(Mother's Day)을 맞아, 교회의 아버지들이 어머니들에게 카네이션 한 송이씩을 증정하는 깜짝 순서를 계획하였습니다. 20대에서 80대에 이르기까지 나이를 불문하고 남성도들이 어머니인 여성도들에게 줄 카네이션… 멋진 계획이지요?

남성도 회장님으로부터 그 계획이 언급되면서 이메일이 아래와 같이 남성 회원들에게 뿌려졌네요. 200불 정도의 금액으로 300개의 카네이션이 준비될 것이고 수송계획은 수립되어있으며 중고등부 학생들이 예배 후에 나누어준다는 계획이네요.

<u>To pull this off</u> we need about 300 flowers at an estimated cost of $200. We have arranged for pick-up and transport of the flower to the church. Our youth have volunteered to hand out the flowers after the service this Sunday.

이 일을 이루기 위해 우리는 약 200불의 금액으로 예상되는 300송이의 꽃이 필요합니다. 우리는 꽃 픽업과 교회로 운송하는 것에 대해 준비해놓았습니다. 우리의 청년들이 이번 주일 예배 후 꽃을 나누어 주기로 자원하였습니다.

그런데 여기서 첫 문장에서 'pull off'의 의미는 무엇일까요?

여기서 'pull off'의 의미는 '(힘든 것을)해내다, 성사시키다'의 의미입니다. 원래 pull off의 금방 떠오르는 그림은 어떤 것을 끌어당겨서 빼내는 것인데요, 이것에서 발전하여 pull off는 어떤 일을 이루어내는 것을 말합니다. 어떤 것을, 어떤 일을 끌고 가는 것이지요. 즉 '해내다'를 의미한다고 보면 되겠습니다. 예를 들어,

We pulled off the deal.

우리가 그 계약을 성사시켰다.

The team pulled off a last-minute victory after being down 15points at halftime.

그 팀은 하프타임에서 15포인트 지고 있었는데 마지막 순간에 승리를 거머쥐었다.

I never thought you'd pull it off.

네가 그것을 해 내리라고는 생각하지 못했어.

다음 대화를 보시지요.

🅐 Did your team make it to the semi-final in the debating championship?

토론대회에서 준결승에 진출했나요?

🅑 Oh, yeah, we pulled off a surprise victory in the semi-final.

오, 네, 우린 준결승에서 깜짝 놀랄 승리를 해냈습니다.

🅐 Great! I am proud of you all.

멋집니다. 당신들이 자랑스럽습니다.

'pull off'엔 위와 같은 의미 이외에도 '(차량 등을)도로 옆쪽으로 빼내다'의 의미로도 매우
잘 쓰입니다. 예를 들어,

If you're feeling sleepy, pull off the road immediately and have a rest.

만약 당신이 졸린다면 차를 갓길로 세워 휴식을 가지세요.

I pulled off the road and rested for a while.

나는 차를 갓길에 세워 한동안 쉬었다.

감칠맛 나는

맥락
영어